Oetinger

Nina Weger, 1970 geboren, war nach dem Abitur zunächst eine Saison lang als Seiltänzerin beim »Circus Belly« beschäftigt, bevor sie eine Journalistenschule besuchte und als Redakteurin und Regieassistentin arbeitete. Heute lebt sie mit ihrem Mann und zwei Kindern als freie Autorin in Hannover und schreibt unter anderem Drehbücher für bekannte Fernsehserien. Nebenbei leitet sie mit einer Freundin ehrenamtlich den »Kinderzirkus Giovanni«, der mit dem »Deutschen Kinderpreis« ausgezeichnet wurde.

Nina Weger

ALS MEIN BRUDER EIN WAL WURDE

Verlag Friedrich Oetinger · Hamburg

Mehr von Nina Weger bei Oetinger:

Helden wie Opa und ich
Ein Krokodil taucht ab (und ich hinterher)
Die sagenhafte Saubande – Kommando Känguru
Die sagenhafte Saubande – Polly in Not
Trick 347 oder der mutigste Junge der Welt
Club der Heldinnen – Entführung im Internat
Club der Heldinnen – Hochverrat im Internat
Club der Heldinnen – Bärenalarm im Internat

FSC www.fsc.org MIX Papier aus verantwortungsvollen Quellen FSC® C014496

Poppenbütteler Chaussee 53, 22397 Hamburg

Text: Nina Weger
Einband und Vignetten: Eva Schöffmann-Davidov
Druck und Bindung: GGP Media GmbH,
Karl-Marx-Straße 24, 07381 Pößneck, Deutschland
Printed 2019
ISBN 978-3-7891-0963-8

www.oetinger.de

Für die Kinder und Jugendlichen
des Geschwisterrats
der Janusz-Korczak-Geschwisterbücherei

Wir waren in den Ferien mal am Meer. Es war ein wunderbarer, heißer Sommer. Unsere Eltern dösten in der Sonne, und Julius und ich spielten von morgens bis abends am Strand. Jeden Tag dehnten wir unsere Erkundungstouren ein bisschen weiter aus, und bald entdeckten wir, ein ganzes Stück von unseren Handtüchern und Sonnenschirmen entfernt, eine kleine Bucht.

Das Wasser war schwarz, der Grund schien unendlich tief und unvorstellbar weit.

»Komm!«, rief Julius und kletterte über die Felsen. Ich zögerte. Die Dunkelheit unter den Wellen machte mir Angst. Julius konnte es gar nicht erwarten. Mit einem »Yippie!« sprang er ins Wasser und verschwand unter der Oberfläche. Nur verschwommen erkannte ich seinen Körper bis zur Hüfte, der Rest verlor sich im düsteren Nichts der See. Als Julius wieder auftauchte, lachte er und streckte mir die Hand entgegen. »Na los!«

Mit klopfendem Herzen setzte ich mich auf einen Stein und rutschte ein Stück vor, dann verließ mich der Mut. Mit beiden Händen klammerte ich mich an den Fels.

»Bela! Komm! Ich pass auf dich auf!« Julius sah mich mit seinem ganz speziellen Mut-Mach-Lächeln an. »Vertrau mir, ich bin dein großer Bruder.«

Da ließ ich los.

Ich wünschte, ich könnte mich noch einmal in das dunkle Meer zu Julius hinablassen. Zu meinem wunderbaren großen Bruder.

1

»Hey, Bela! Wirf mir mal ein Croissant rüber!« Julius sprintete wie immer auf den letzten Drücker in die Küche und ließ sich auf den Stuhl am Ende des Frühstückstischs fallen. Rhythmisch bewegte er den Oberkörper hin und her wie ein Torwart vor dem Elfmeter. »Los, Champion! Gib alles!«

Ich griff in den Korb und schmetterte Julius das Hörnchen entgegen. Lässig schnappte er es aus der Luft, ohne dass sich ein einziges Krümelchen löste. Julius fing immer alles. Er spielte Basketball in der Auswahlmannschaft und wollte mal Profi in Amerika werden.

»Wow, guter Wurf!« Julius lachte mir anerkennend zu. »Aber jetzt wollen wir doch mal sehen, ob deine Reaktionsfähigkeit am frühen Morgen genauso krass ist wie deine Wurfkraft!« Er holte aus, und ich hob abwehrend die Hände. »Nein, nicht!«

Julius hielt mitten in der Bewegung inne. »Wieso nicht?«

»Weil es runterfällt.« Wenn es drauf ankam, versemmelte ich beim Fangen nämlich immer den entscheidenden Moment. Ich zögerte oder streckte mich zu halbherzig. Ich war halt nicht die Supersportskanone mit dem Sieger-Gen, so wie Julius. Ich interessierte mich mehr für Fische. Und konnte ganz gut Crossrad fahren.

Mein Bruder strich sich die blonden, vom Duschen noch nassen Haare aus der Stirn. »Hey, du fängst das. Aber du musst schon daran glauben, dass du es schaffst. Also – Achtung ...«

In einem sanften Bogen warf er das Croissant auf mich zu. Ich hob die Hände, der knusprige Teig streifte meine Fingerkuppen – dann landete das Hörnchen auf den Küchenfliesen.

»Sagt mal, spinnt ihr?!« Mama fuhr von der Spüle herum. »Das sind Lebensmittel!«

»Ist doch nichts passiert.« Julius stand auf und sammelte das zerbröselte Croissant auf. »Ich esse das.« Er zwinkerte mir zu und tauchte das platt gedrückte Ende in seinen Milchkaffee.

Mama reichte mir einen Kakao und setzte sich zu uns. »Ah, bevor ich es vergesse, Julius: Du müsstest heute Nachmittag zwischen drei und vier Telefondienst machen.«

»Tut mir leid, geht nicht.« Julius zuckte bedauernd mit den Schultern. »Da lerne ich mit Arne.«

»Dann müsstest du das bitte verschieben.« Mama begann, sich einen Apfel zu schneiden. »Ich habe einen Termin mit dem Steinmetz, und Jan muss zum Krematorium.«

»Guten Morgen!« Papa stapfte in die Küche. Er trug schon seinen schwarzen Arbeitsanzug mit der dunklen Krawatte.

Julius schaute auf. »Morgen. Wenn du jetzt deine Einäscherung hast, dann bist du doch bis mittags zurück und kannst ans Telefon gehen, oder?«

Papa schüttelte den Kopf. »Nee, da habe ich noch eine Urnen-Beisetzung.«

Das war normal für uns: Grabsteine. Leichen. Friedhof. Meine Eltern betrieben ein Beerdigungsinstitut, und alles rund um den Tod gehörte praktisch zu unserem Alltag. An unser Wohnzimmer grenzte die Halle mit der Sargausstellung, und dahinter befand sich der Raum, in dem die Toten gewaschen und herausgeputzt wurden. Die meiste Zeit wohnten wir zusammen mit Leichen unter einem Dach.

»Tja ...« Julius sah Mama ratlos an. »Tut mir echt leid, aber ich kann wirklich keinen Telefondienst machen. Wenn Arne die Arbeit vermasselt, bleibt er hängen.«

Mama griff etwas gereizt nach der Müslipackung. »Dann müsst ihr halt später lernen, oder Arne muss hierherkommen.«

»Wir lernen in der Schule. Von da aus gehe ich direkt zum Training. Anders geht es heute nicht. Außerdem ist jetzt alles so verabredet!« Julius stopfte sich den Rest des Croissants in den Mund und mümmelte: »Ich muss los, sonst verpasse ich den Bus.«

»Du kommst bitte nach der Schule nach Hause.« Mama klang ärgerlich. »Alle müssen sich irgendwie einbringen. Und das ist nun mal dein Part.«

»Ich mach ja auch gern Telefondienst – morgen oder übermorgen. Aber nicht heute. Bis später!« Julius schnappte seinen Rucksack und schob die Tür auf.

Mama ließ laut scheppernd den Löffel auf den Tisch fallen. »Das war keine Bitte!«

Julius drehte sich um und sah sie mit seinem berühmten Julius-Lächeln an. »Du kannst nicht einfach über mich bestimmen.«

»Julius!«, warf Papa ein. »Du bist vierzehn, nicht achtzehn! Und du lebst hier in einer Familie – nicht in einem Hotel!«

Ich werde niemals Julius' Blick vergessen. Er schaute Mama und Papa liebevoll, aber auch ein bisschen ratlos an, als hätten sie etwas absolut Klares immer noch nicht richtig verstanden. »Aber trotzdem könnt ihr nicht einfach über mich bestimmen!«

»*Ich* mach Telefondienst«, schlug ich schnell vor, bevor es gleich richtig krachte.

Julius nickte mir zu: »Aber nur, wenn sie dich nett fragen.«

»Nein!«, schimpfte Mama. »Dafür ist Bela noch zu jung. Keine Diskussion mehr.«

Julius schüttelte den Kopf. »Ich muss jetzt echt los – bis heute Abend!« Damit trabte er aus der Küche.

Mama warf Papa einen auffordernden Blick zu. Der seufzte und rief Julius nach: »Du hast gehört, was deine Mutter gesagt hat?!«

Ich weiß nicht, ob Julius es noch gehört hat. Ich weiß nicht, ob er vorhatte, nach der Schule nach Hause zu kommen oder nicht. Aber es war auch völlig egal. Denn als Julius fünf Minuten später im Laufschritt bei grünem Fußgängermännchen die Hauptstraße überquerte, kam von links ein Lkw. Der Fahrer hatte ihn übersehen. Ungebremst knallte er in seinen durchtrainierten Basketballkörper und schleuderte ihn zehn Meter weiter mit dem Kopf gegen die Bordsteinkante.

2

Wir hörten als Erstes den Rettungshubschrauber. Aber wer achtet schon beim Frühstück auf das Rotorenknattern eines Hubschraubers? Als Mama und ich aus der Haustür kamen, fuhr ein Polizeiwagen langsam die Straße herunter. Auch da fühlten wir uns noch nicht angesprochen. Erst als der silber-blaue Wagen direkt vor unserer Einfahrt hielt und ein Polizist ausstieg, spürte ich, wie Mama zusammenzuckte.

Von da an lief einfach alles an uns vorbei. Wie in einem Film. Und genauso wenig, wie wir durch den Plasmabildschirm unseres Fernsehers greifen und irgendetwas an der Handlung ändern konnten, genauso wenig konnten wir das hier, in der Wirklichkeit. Die Rettungssanitäter hatten komplett das Kommando übernommen. Als wir an der Unfallstelle ankamen, lag Julius schon in dem Krankenwagen, der ihn zum Hubschrauber bringen sollte. Mama klopfte an die Tür und wollte rein. Von drinnen brüllte jemand: »Nimm doch mal einer diese Leute weg!« Eine Polizistin nahm uns am Arm und schob uns beiseite – als wenn wir nicht dazugehörten!

Dann sahen wir den großen Blutfleck. Mama flippte aus, sie wollte wissen, was hier los war! Papa schrie die Polizistin an, woher sie wüsste, dass das Julius, sein Sohn, da drin in dem Wagen wäre?! Die Polizistin reichte Papa Julius' Schülerkarte. Wir sagten nichts mehr. Uns fragte auch niemand oder informierte uns, was weiter passieren sollte. Irgendwann ging das Blaulicht an, und der Rettungswagen fuhr weg. Wir standen stumm auf der Hauptstraße, neben dem riesigen Blutfleck am Rinnstein, und sahen hinterher.

»Ich fahr euch ins Krankenhaus«, sagte ein Nachbar und führte uns zu seinem Auto.

Als wir in der Notaufnahme ankamen, winkte uns ein Arzt in einen kleinen Untersuchungsraum. Das Zimmer sah aus wie die Krankenstation in der Schule und war mit dem Schrank und der Plastikliege eigentlich voll. Wir standen dicht gedrängt, wie Menschen in einer Bushaltestelle bei Regen.

»Ihr Sohn hat ein schweres Schädel-Hirn-Trauma«, erklärte der Arzt. »Wir werden ihn jetzt operieren. Aber es sieht nicht gut aus. Stellen Sie sich auf das Schlimmste ein.«

Obwohl wir so nah beieinanderstanden, dauerte es ziemlich lange, bis seine Worte in unseren Köpfen landeten. Jedenfalls vergingen einige Sekunden, bis Papa nickte und Mama fragte, ob sie Julius sehen dürfe.

Aber das ging schon wieder nicht. Wir sollten uns in den Wartebereich setzen, und sobald man Genaueres sagen könne, würden wir informiert werden. Dann eilte der Arzt davon, und wir ließen uns auf die harten Schalenstühle im Gang fallen und warteten.

Papa rief einen unserer Sargträger an und bat ihn, sich um alles zu kümmern. »Julius hatte einen Unfall, wir sind im Krankenhaus und wissen noch nicht, wie lange es dauert«, sagte er. Es klang, als müsste Julius nur noch einen kleinen Gips bekommen. Mama begann zu weinen, und Papa legte den Arm um sie. »Alles wird gut«, tröstete er. »Julius ist jung und stark. Er hat einen durchtrainierten Körper. Er schafft das.«

Stunde um Stunde verging. Wir tranken Automatentee aus braunen Plastikbechern. Menschen in OP-Kleidung eilten vorüber. Türen öffneten und schlossen sich, aber niemand sagte uns etwas. Irgendwann zog ich mein Handy aus der Tasche und gab »Schädel-Hirn-Trauma« ein. Als Erstes stand da: **Das Schädel-Hirn-Trauma (SHT) ist die häufigste Todesursache vor dem 40. Lebensjahr in Deutschland.** Ich steckte das Handy wieder weg.

Um drei Uhr nachmittags wurden wir noch einmal in das Zimmer mit der Liege geholt. Vor uns stand nun ein anderer, ziemlich erschöpft aussehender Arzt. Er hielt ein Klemmbrett mit einem vollgekritzelten Blatt in der Hand. »Wir mussten bei Ihrem Sohn Teile der Schädeldecke entfernen, damit der Hirndruck nicht noch mehr steigt und weiteres Gewebe beschädigt. Wir wissen nicht, ob er die nächsten Stunden überlebt. Er kommt jetzt auf die Intensivstation. Sie dürfen in einer halben Stunde zu ihm.« Er sagte das in einem Tonfall, als würde er uns den Weg zur Kantine beschreiben. Dann flatterten noch irgendwelche Fachwörter, die ich noch nie gehört hatte, um unsere Köpfe. Aber sie drangen nicht zu uns durch, so wie alle anderen Geräusche, die uns kurz danach auf den Fluren des Krankenhauses entgegenschlugen.

Die Intensivstation wurde durch eine dicke Tür gesichert. Papa klingelte, und ein Pfleger in blauer Kleidung öffnete. Er führte uns einen langen, neonbeleuchteten Gang hinunter. Die Zimmertüren links und rechts standen weit offen. Überall fiepte und piepte es, und es war sehr warm.

Vor einem Raum mit drei wuchtigen Betten, in denen halb aufgerichtete, leblose Körper lagen, blieb der Pfleger stehen. Im ersten Moment erkannte ich Julius nicht. Er trug einen riesigen Verband um den Kopf. Ein Schlauch führte in seinen Mund, ein anderer in die Nase. Eine Maschine hatte für ihn das Atmen übernommen und pustete gleichmäßig Luft in seinen Brustkorb. Überall waren Monitore mit bunten Linien und Kurven, wie in der Schaltzentrale eines Raumschiffs.

Einen Moment standen wir wie angewurzelt. Dann machte Mama ein paar wackelige Schritte vor, beugte sich über Julius und küsste ihn auf die Wange. Dabei flüsterte sie ununterbrochen: »Es tut mir so leid, so wahnsinnig leid.«

Papa blieb stocksteif stehen und rührte sich nicht.

»Jede Berührung bedeutet Stress für Ihren Sohn«, sagte der Pfleger und zog Mamas Hand sanft zurück. Mama nickte. Sie zitterte am ganzen Körper, und der Pfleger schob ihr schnell einen Stuhl unter den Hintern. Dann begannen Tränen ihr Gesicht herunterzulaufen. Es hörte gar nicht mehr auf. Ich hatte noch nie so viele Tränen gesehen. Hilflos drehte ich mich zu Papa. Der stand immer noch genauso da wie vorher. Seit Minuten schien er sich nicht bewegt zu haben. Ich dachte: Irgendetwas läuft hier falsch, irgendjemand hat hier was ganz falsch programmiert. So als hätten wir den Flieger nach Mallorca gebucht, aber wären plötzlich am Polarkreis gelandet! Das Ganze musste eine Verwechslung sein. Oder so etwas wie »Versteckte Kamera«! Gleich kam jemand um die Ecke und sagte: ›Danke schön, Szene beendet!‹ Und dann würde Julius aufstehen und rufen: ›Los, Bela, mach hin, wir müssen doch in die Schule!‹ Papa würde sich schleunigst auf den Weg ins Krematorium machen, und Mama kümmerte sich um den Grabstein. Doch es kam keiner, der ›Schluss, aus, Ende‹ rief.

Der Einzige, der kurz darauf wirklich um die Ecke kam, war der Stationsarzt. Er stellte sich kurz vor und sagte:

»Ich würde gern mit Ihnen über eine eventuelle Organspende sprechen.« Nun sah Papa das erste Mal auf. Er drehte den Kopf, starrte den Arzt einen Moment lang an und brüllte dann los. »Raus!«, schrie er. »Raus hier!« Ich hatte Angst, dass er dem Mann gleich eine runterhaute. Mama sprang auf und versuchte, Papas Arme festzuhalten. Aus dem Gang stürmten mehrere Pfleger heran und wollten Papa zurückhalten. Doch das war gar nicht mehr nötig. Papa rutschte Mama einfach aus den Armen und plumpste auf den Boden. Da hockte er dann in seinem schwarzen Beerdigungsanzug und schluchzte. So hatte ich Papa noch nie gesehen.

Der Arzt hob beschwichtigend die Hände und schob die Pfleger aus dem Raum. »Alles in Ordnung«, sagte er. »Alles gut.« Und zu Mama: »Wenn nur einer in der Familie gegen eine Organentnahme ist, passiert nichts. Keine Sorge, Sie entscheiden das. Ganz allein und in Ruhe.«

Dann ging er auf den Gang. Ich sah, wie er mit einem Pfleger sprach und dabei zu Julius sah. Plötzlich fiel mir ein, dass wir schon häufiger Leute beerdigt hatten, die nach ihrem Tod Organe gespendet hatten. Ich erinnerte mich, dass Julius das gut fand. In seinem Jahrgang war ein Mädchen, das dringend auf eine Niere wartete. »Wenn jemand sowieso tot ist, warum soll sie dann nicht seine Niere haben? Tausende warten auf ein Herz oder eine Leber, und bevor die Organe in der Erde verrotten oder verbrannt werden, sollen sie doch besser jemandem nutzen«, hatte Julius gesagt und hinzugefügt, dass er alles, nur seine Augen nicht spenden würde.

Ich sah zu Mama. Sie nickte stumm. Ich glaube, sie dachte dasselbe wie ich. Aber wir trauten uns nicht, etwas zu sagen.

Irgendwann saßen wir alle drei auf Stühlen. Keine Ahnung, wie wir da hingekommen waren. Keine Ahnung, wo die Stühle hergekommen waren. Wir saßen da und schauten auf Julius, meinen großen, supersportlichen Bruder mit der Megakondition, der normal locker und ohne einen roten Kopf zu bekommen, sechs Kilometer lief, aber jetzt nicht mal einen einzigen Atemzug allein schaffte.

Ich versuchte, mir Julius' Kopf unter dem Verband vorzustellen. Wenn da Knochenstücke fehlten, dann war da bestimmt eine riesige Delle. Ich dachte an meinen Sturz mit dem Crossrad vor zwei Wochen. Die Prellungen hatten fies wehgetan, ohne dass meine Schienbeine auch nur einen Millimeter eingedetscht waren. Was für unerträgliche Schmerzen musste dann Julius haben?

Die Pfleger, die regelmäßig die Werte auf den Bildschirmen kontrollierten, behaupteten, er habe überhaupt keine Schmerzen, weil durch die Schläuche ein Cocktail von Medikamenten lief, der Julius in ein künstliches Koma versetzte. In eine totale, tiefe Bewusstlosigkeit.

Als der Abend zu dämmern begann, schöpften wir

Hoffnung. Mehrere Stunden waren vergangen, und Julius lebte. »Dann hat er es doch geschafft, oder?«, fragte Mama flehend den Arzt. Der wiegte den Kopf und antwortete: »Die kommende Nacht wird entscheiden.«

Mama sah ihn fassungslos an. »Ich dachte, die letzten Stunden?! Wann hört das denn auf?«

Der Arzt zuckte mit den Schultern. Wir rutschten alle ganz eng zusammen. Wir klammerten uns aneinander. Ich glaube, wir alle hatten noch nie eine solche Angst. Sie war so schlimm, dass man es sich nicht vorstellen konnte. Schlimmer als in dem schlimmsten Albtraum. Und sie hörte nicht auf.

Irgendwann standen Oma und Opa im Raum. Sie drückten Mama und Papa lange und fest, dann legte Opa einen Arm um mich und sagte: »Wir fahren jetzt nach Hause, damit du schlafen kannst.«

Doch *wie* ich schlafen sollte, das sagte mir keiner. Drei Stunden später lag ich immer noch wach im Bett und presste die Fäuste aneinander. Ich fürchtete, wenn ich aufhörte, an Julius zu denken, dann würde er sterben. Also erinnerte ich mich ganz fest daran, wie wir zwei Tage zuvor versucht hatten, mein Crossrad zu reparieren. Wir waren noch nicht ganz fertig. Es knackte immer noch in der rechten Pedale. Mist, dachte ich, wann wollen wir das denn jetzt machen, wenn Julius im Krankenhaus liegt? Und dann dachte ich: Blödsinn! Ohne Julius durfte ich ja sowieso nicht auf die Rampenbahn!

Weil das mit den Hügeln und Steilwänden angeblich zu gefährlich war. Dabei konnte man auch an einer Fußgängerampel ganz einfach von einem Laster übersehen werden. Und so ging es weiter und weiter, bis ich irgendwann doch eingeschlafen war.

In der Nacht nahm der Druck auf Julius' Gehirn wieder zu. Er musste noch einmal operiert werden. Ein weiteres kleines Stück Schädelknochen wurde entfernt. Jetzt sollte der kommende Tag entscheiden. Und dann die nächste Nacht. Aber das spielte sowieso alles keine Rolle mehr. Wir hatten unser Gefühl für Zeit längst irgendwo auf den Krankenhausfluren verloren. Wir befanden uns in der **Wattezeit,** gefangen in einem dichten Nebel, während um uns herum die Sonne schien und die Welt sich weiterdrehte, als wenn nichts passiert sei. Menschen frühstückten, fuhren zur Arbeit, Rasenflächen wurden gemäht, Kinder kamen von der Schule, Familien aßen Mittag, es wurde telefoniert, Sport gemacht, Verabredungen getroffen, ins Bett gegangen. Für uns verschwamm das alles. Nur die regelmäßige Kontrolle von Julius' Augen sagte uns, dass wieder eine Stunde vergangen war. Denn pünktlich alle sechzig Minuten kam eine Pflegekraft und leuchtete ihm ins Gesicht.

»Muss das sein?«, fragte Papa, als wieder ein Blaukittel mit Taschenlampe hereinkam.

»Wir müssen überprüfen, ob es eine Veränderung

gibt«, erklärte eine große, dünne Schwester und richtete den Strahl volle Kanne in Julius' Augen. Julius starrte trotz des grellen Lichts ins Leere. Aber angeblich reagierte seine rechte Pupille – und das war gut so. Denn solange das so war, konnte er nicht hirntot sein. Und solange er nicht hirntot war, gab es Hoffnung. Wir klammerten uns an diese winzige Bewegung. So winzig, dass wir sie nicht einmal erkennen konnten. Aber sie war alles, was wir hatten.

Wenn ich nicht im Krankenhaus war, dann lag ich zu Hause in meinem Zimmer, mit runtergezogenen Jalousien. Ich wollte nicht zur Schule oder Freunde treffen. Ich wollte nicht reden oder mitleidige Fragen beantworten. Meine Lehrer und Mitschüler hatten mir SMS geschrieben, manche hatten Nachrichten auf meiner Mailbox hinterlassen. Hilflose, stockende Worte. Aber was sollten sie auch sagen? Ich war nicht zu trösten oder aufzumuntern. Nicht mal von meinen besten Kumpels Simon und Ben. Sogar in ihren Stimmen spürte ich eine Erleichterung, dass ich nicht selbst ans Telefon gegangen war. Als hätten sie plötzlich Angst vor mir, als wäre ich seit dem Unfall ein anderer. Niemand konnte mehr normal zu mir sein. Sogar unsere Nachbarn, die mich schon als Baby gekannt hatten, erschraken, wenn ich mit Oma und Opa in unsere Auffahrt fuhr und aus dem Auto stieg. Ihr Winken war verkrampft. Sie drucksten komisch rum, über blödsinnige Sachen, die mich sowieso nicht interessierten. Weil mich nichts interessierte: Die unzähligen Briefe, die jeden Tag eintrudelten. Das Essen, das Mamas und Papas Freunde brachten. Der Teddy vom Basketballteam, den Arne vor der Tür abstellte. Die Pappengel, die Julius' Klassenkameraden bastelten, und auch nicht die Kerze, die irgendwer in der Kirche angezündet hatte. Ich wollte das alles nicht hören oder sehen, denn jeder Anruf, jeder blöde Engel waren nur Beweise, dass dies hier alles wirklich war. Dass die Bilder in meinem Kopf stimmten und dass es kein blöder Traum war.

Nach zwei Wochen fuhren die Ärzte den Medikamentencocktail herunter, der durch die Schläuche in Julius' Körper floss. Sie wollten gucken, ob Julius aus dem künstlichen Koma erwachte und selbstständig atmete. Seine Lungen holten tatsächlich aus eigener Kraft Luft! Papa heulte vor Freude, und Mama brach auf ihrem Plastikstuhl zusammen. »Wer atmet, der lebt!«, jubelte Papa und schleuderte mich zwischen den Apparaten herum.

Doch obwohl Julius die Beatmungsmaschine jetzt nicht mehr brauchte und seine Lider munter offen standen, schien er uns nicht zu sehen. Er guckte durch uns durch. Sein Blick waberte ziellos im Raum herum, egal ob wir winkend am Fußende standen oder uns ganz dicht, Nase an Nase, zu ihm hinunterbeugten.

»Er muss erst einmal durchkommen«, tröstete Papa uns. »Sein Körper muss die ganzen Medikamente ja erst einmal abbauen. Vorher kann die Wirkung ja gar nicht nachlassen.«

Aber vier Tage später reagierte Julius immer noch nicht. Dann gab er endlich ein Lebenszeichen von sich und pupste. Papa machte einen Luftsprung, als ob Julius den entscheidenden Korb beim Landesfinale versenkt hätte. Doch der Pfleger lächelte nur milde. »Das sagt leider gar nichts. Das macht sein Körper ganz automatisch.« Es war halt nur ein Pups, mehr nicht.

Einen Tag später sagten uns die Ärzte, dass man Julius jetzt nicht mehr durch seinen Hals ernähren könnte, weil seine Rachenwand und Speiseröhre davon kaputtgingen. »Wenn Ihr Sohn nicht verhungern soll, dann braucht er ab jetzt eine Magensonde«, erklärten sie. Mama und Papa nickten, und von da ab floss eine schokobraune Masse aus einem Plastikbeutel durch einen Schlauch direkt in Julius' Magen.

»Man kann auch wach werden, ohne schlucken zu können«, sagte Mama trotzig. »Außerdem kann man das Ding jederzeit wieder rausnehmen. Und wenn das nicht geht, kann man damit sogar steinalt werden.«

Dann wurden wir wieder zu einer Besprechung geholt. Die Ärzte zeigten uns CT-Fotos von Julius' Gehirn, grau-schwarze Bilder, so ähnlich wie die aus dem Röntgenapparat. Bis dahin kannte ich eigentlich nur bunte Zeichnungen von Gehirnen, aus dem Biologiebuch oder von irgendwelchen Medikamentenpackungen. Meist ähnelte das Ganze einem verschlungenen Würmerhaufen, dessen Form an eine Walnuss erinnerte. Aber das, was uns die Ärzte da von Julius' Gehirn zeigten, war nur ein grauer Klumpen. Wir schauten etwas ratlos. Dann gab es eine Diagnose: apallisches Syndrom.

Mein Handy sagte dazu: **Das apallische Syndrom (Wachkoma) wird durch schwerste Schädigung des Gehirns hervorgerufen. Dabei kommt es zu einem funktionellen Ausfall der gesamten Großhirnfunktion oder größerer Teile, während Funktionen von Zwischenhirn, Hirnstamm und Rückenmark erhalten bleiben. Dadurch wirkt der Betroffene wach, hat aber aller Wahrscheinlichkeit nach kein Bewusstsein.**

Kein Bewusstsein – was hieß das? Ohnmächtig? Tiefschlaf? Wusste Julius nicht, wo er war? Oder wie er hieß? Bekam er überhaupt nichts mit? So wie ich bei meiner letzten Klassenfahrt, als mir irgendein Vollpfosten nachts Senf ins Gesicht geschmiert hatte und ich mich am nächsten Morgen über die Kruste auf meinen Wangen wunderte? Ich hatte absolut keine Ahnung gehabt, wann und wie das passiert war.

Oder war es eher so wie bei den russischen Matrosen, die mit ihrem U-Boot auf den Grund der Barentssee gesunken waren? Die fühlten und atmeten da unten in der schwarzen Tiefe, aber waren von außen unerreichbar und nicht in der Lage, ein Lebenszeichen zu geben! Ich strengte mich total an, aber ich konnte mir einfach nicht vorstellen, was Julius jetzt dachte oder fühlte. Oder wie das war, wenn man gar nichts dachte und fühlte. Ging das überhaupt? Und dann dachte ich: Wann hört das auf? Konnten wir Julius wieder aufwecken? Davon hatte der Arzt nämlich nichts gesagt.

Mama war absolut überzeugt, dass Julius das schaffte. »Wir kriegen das hin«, verkündete sie entschlossen. »Dein Bruder wird wach. Mit Geduld und Disziplin, alle gemeinsam schaffen wir das ganz sicher.«

Trotzdem hörte ich sie in der Nacht weinen. Es war ein schreckliches, hilfloses Schluchzen. Es klang wie das Weinen der Trauernden, wenn sie unten in der Halle für immer Abschied nahmen. Jetzt ist Julius tot, dachte ich, und mit einem Mal fühlte sich die Dunkelheit in meinem Zimmer wie eine schwarze, samtene Kuhle an, aus der man nicht herausklettern konnte. Aber dann hörte ich die Stimme von Papa, der Mama und sich Mut zusprach. Und diesen Klang hatte ich bei den Leuten unten in der Aufbahrungshalle noch nie gehört. Und das bedeutete, Julius lebte.

Als ich am nächsten Morgen aufstand, klebte Mama schon wieder mit einem entschlossenen Gesichtsausdruck vor dem Bildschirm ihres Computers. Sie suchte nach der besten Reha-Klinik für Kinder und Jugendliche mit schwerem Schädel-Hirn-Trauma. »Rehabilitation heißt *Wiederherstellen*«, erklärte sie mir mit einem Lächeln, und das hörte sich irgendwie beruhigend an.

3

Das Erste, was ich in der Eingangshalle der Reha-Klinik sah, war ein Mädchen in einem riesigen Rollstuhl. Ihr Kopf war total verformt, und aus ihrem Mund lief Spucke. Überhaupt sahen alle ziemlich schwer behindert aus. »Wir sind hier falsch«, flüsterte ich Mama zu. »Julius soll doch wieder wie früher werden! Wir sind doch hier, damit er Sprechen und Gehen trainiert!« Schließlich hatten die Ärzte im Krankenhaus von Physiotherapie und Logopädie gesprochen!

Dass Logopädie nicht nur Sprachtraining, sondern auch einfach nur Schlucken-Üben bedeuten konnte, hatte ich bis dahin nicht gewusst. Und Physiotherapie hieß hier, dass jemand Julius' Arme und Beine beugte und streckte wie bei einer Puppe.

Ich gab mir Mühe, meine Enttäuschung zu verbergen. Natürlich war klar gewesen, dass es irgendwie schlimm um Julius stand. Aber insgeheim hatte ich doch gehofft, dass er Weihnachten wieder zu Hause wäre. Dass wir dann gemeinsam fröhlich Geschenke auspackten, selbst wenn er dabei im Rollstuhl saß!

Immer wenn ich sah, wie der Physiotherapeut Julius'

Arme beugte und streckte, musste ich daran denken, wie wir beide Krafttraining im Garten gemacht hatten: Sit-ups und Liegestütze. Wenn ich nicht mehr konnte, hatte Julius mich angefeuert: »Los, Bela, das schaffst du!« Und wenn ich es dann geschafft hatte, rief er: »Einen noch, komm, einer geht noch! Erst wenn man an seine Grenze geht und sich ein bisschen quält, wird man besser!« Und wenn ich dann fix und fertig auf dem Rasen lag, hatte er mir in die Seite geknufft und gesagt: »Ich glaube, du wirst mal stärker als ich!«

Wie gern hätte ich ihn jetzt angefeuert. Aber ich wusste ja nicht einmal, ob er mich hörte, da unten, tief drin in seinem Körper. Und wenn er mich verstand, wie traurig musste er dann sein, dass er nicht einmal einen Finger bewegen konnte? Und das Allerschlimmste war, dass ich jetzt wirklich stärker war als er. Manchmal hatte ich Angst, dass aus Versehen etwas wahr geworden war, was wir doch beide gar nicht gewollt hatten! Ich schwor hunderttausend Mal, dass ich gern für immer der größte Schlappi wäre, wenn Julius nur wieder allein seine Arme und Beine bewegen könnte! Wenn er einfach nur sitzen könnte! Oder allein den Löffel an seinen Mund führen und kauen könnte!

Dann kam der Tag, an dem ich Julius nicht mal mehr anfeuern konnte – selbst wenn ich gewollt hätte. Ich musste wieder zur Schule.

Da hatte sich mittlerweile die Sitzordnung verändert.

Simon und Ben hatten sich während der Landheimfahrt zerstritten und neue Freunde gefunden. Crossrad fuhren sie auch nicht mehr. Meine Aquarium-AG hatte sich aufgelöst. Ich wusste nicht, worum es ging, wenn die ganze Klasse plötzlich loslachte. Alles war anders. Ich war anders. Ich hatte den Anschluss verloren. Und irgendwie ließ sich die Lücke nicht mehr schließen. Egal, wie viel Mühe sich die anderen gaben.

Blöderweise lag die Reha-Klinik hundertachtzig Kilometer von zu Hause entfernt. Julius sah ich nur noch am Wochenende. Und Mama sah ich auch kaum noch. Sie kam nur montags und dienstags nach Hause, und dann arbeitete sie wie verrückt, um in zwei Tagen das zu schaffen, was sie sonst in einer Woche erledigt hatte. Sie verließ kaum das Büro. Vielleicht wollte sie auch nicht im Haus rumgehen, weil sie dann Julius' Schuhe gesehen hätte, die im Flur standen. Vielleicht wollte sie auch nicht an seinem Zimmer vorbeikommen, in dem immer noch das Basketballtrikot auf dem Bett lag und die Schulbücher vor dem Schreibtisch auf dem Boden rumflogen. Früher war Mama deswegen immer ausgerastet. Aber jetzt war eben alles anders. Nichts war mehr, wie es einmal gewesen war. Wir waren eigentlich gar keine richtige Familie mehr. Es gab keine gemeinsamen Ausflüge, keine Spielabende, keine Streitereien am Frühstückstisch, kein Toben mit Julius auf dem Gartentrampolin.

Ich vermisste ihn. Ich vermisste ihn so sehr, dass es im ganzen Körper schmerzte. So als hätte jemand ein riesiges Stück aus mir herausgerissen, und nun war da ein Loch. Und im selben Moment, als ich das dachte, erschrak ich, denn Julius war ja da, er lag in seinem Bett, und wir versuchten alles, um ihn wieder zu wecken. Er war nicht weg! Wie konnte ich ihn da vermissen?!

Mama las jetzt alles, was sie über Wachkoma bekommen konnte. Sie besuchte Vorträge und tauschte sich mit anderen Familien im Internet aus. Sie hatte ein strenges Programm erarbeitet. Wenn ich mit Papa am Wochenende kam, musste ich Julius vorlesen. »Die Stimme ist das Letzte, was man mitbekommt«, erklärte sie. Und: »So ein Aufwachprozess kann lange dauern, verstehst du? Es kann sein, dass Julius immer wieder mal zwischendurch kurz da ist und etwas aufschnappt, und dann muss er wissen, dass wir bei ihm sind. Stell dir mal vor, du würdest wach werden und wüsstest nicht, wo du bist! Du könntest dich nicht bewegen und wüsstest nicht, warum! Wir müssen Julius immer wieder erklären, was passiert ist, weil wir nicht wissen, wo er sich gerade befindet.«

Das wusste niemand. Manchmal, wenn ich abends im Bett lag, stellte ich mir vor, dass Julius wie ein riesiger Wal durch die Tiefen des Ozeans glitt. Ganz allein, ganz weit unten, dort, wo noch nie ein Sonnenstrahl hingelangt war. Und so, wie ein Wal zum Atmen auftauchte und ganz kurz die Wasseroberfläche durchbrach, so, stellte ich mir vor, würde Julius aus dem Dunkeln aufsteigen. Für diesen einen Moment würde er uns dann spüren oder hören. Vielleicht erkannte er dann meine Stimme, bevor er wieder hinabdriftete in die unerreichbare Tiefe.

Mama war überzeugt, dass genau das jede Sekunde passieren konnte. Darum bestand sie auch darauf, dass sich alle, die sich Julius' Bett näherten, mit Namen vorstellten und sagten, was sie gleich tun würden. Eine Woche später begann sie Klangschalen auf seinen Bauch zu legen und in Schwingungen zu versetzen. Als Nächstes zeigte sie Julius die neue Staffel seiner Lieblingsserie. Ich sollte mit ihm Urlaubsfotos anschauen und dazu Geschichten erzählen oder einfach nur beschreiben, was auf den Bildern zu sehen war. Papa spielte Julius seine Lieblingsmusik vor. Wir gaben Julius einen Basketball in die Hände oder strichen mit seinen Fingern über sein Handy, weil wir hofften, dass die vertrauten Gegenstände vielleicht irgendeine Erinnerung auslösten. Wenn das Wetter einigermaßen gut war, verfrachteten wir ihn in einen Liegend-Rollstuhl – was ewig dauerte – und schoben ihn im Park herum. Abends stellte Mama Kerzen auf, weil Julius den warmen Lichtschein immer gemocht hatte. »Sein Puls geht dann spürbar herunter«, erklärte sie – und flippte aus, wenn es irgendjemand bezweifelte.

Ich probierte heimlich noch andere Sachen: Wenn

meine Eltern vor die Tür gingen, kniff ich Julius so fest ins Bein, wie ich konnte. Ich pikste ihn mit der Gabel unter der Decke. Aber nichts. Keine Reaktion. Selbst meine Gemeinheiten entlockten ihm nicht einmal ein Zucken.

Ich glaube, da erst wurde uns allen langsam klar, dass es nicht mit ein bisschen Gymnastik und Übung wieder gut werden würde, sondern dass das hier jetzt erst einmal unser Leben war. Ich glaube, da etwa begann die **Wut-Zeit**.

4

»Wieso?!«, fragte Papa, und Mama sagte, sie könnte den verdammten Lkw in die Luft jagen. Sie verfluchte den Fahrer, der mit seinen gesunden Kindern fröhlich im Garten spielte, während wir darauf warteten, dass Julius vielleicht mal einen Tropfen Tee schluckte. Dann weinte sie wieder und warf sich vor, dass sie Julius an dem Unfall-Morgen mit dieser unnötigen Diskussion aufgehalten hätte. Ohne den Streit wäre er vielleicht zehn Sekunden früher über die Ampel gegangen, dann hätte der Fahrer ihn gesehen, und dann wäre überhaupt nichts passiert! Beim nächsten Mal grämte sie sich, dass sie ihn nicht länger aufgehalten hatte. Oder warum sie überhaupt den Auftrag für den verdammten Grabstein angenommen und Julius nicht zur Schule gefahren hatte.

In dieser Zeit begann ich, die Fahrten in die Reha zu hassen. Der Geruch der Klinik, die Menschen, die wie Zombies über die Gänge schlichen. Ihre furchtbaren, traurigen Geschichten. Ich ertrug sie nicht mehr. Nicht dass es mir zu Hause besser ging. Alles, was mir mal Spaß gemacht hatte, interessierte mich nicht mehr. Ich wusste nichts mehr mit mir anzufangen. Das Crossrad verrostete in der Ecke, und wenn sich jemand mit mir verabreden wollte, sagte ich ab. Oder meldete mich erst gar nicht zurück. Irgendwann gab es selbst Simon auf, der es bis dahin immer wieder versucht hatte. Kurz vor meinem zehnten Geburtstag wurde ich einfach krank und verschlief den Tag. Es hätte sowieso niemand Lust gehabt zu feiern.

Im November, Julius lag nun schon fünf Monate im Koma, schickten mich meine Eltern zu einer Therapeutin. Überraschenderweise wollte die gar nicht mit mir reden, sondern nur Karten spielen. Beim zweiten Termin war mir klar, wo der Hase langlief: Sie wollte sich mein Vertrauen erschleichen, damit ich dann ungebremst losplapperte. Das kann sie schön vergessen, dachte ich, aber dann machte es doch irgendwie Spaß, Zeit mit ihr zu verbringen und zu spielen. Sie war übrigens ziemlich gut im Dart-Werfen.

Bald darauf wurde im Flur der Reha ein riesiger Adventskranz aufgehängt. Zu Hause hatten wir keinen. Und Weihnachten verbrachten wir dann im Gemeinschaftsraum der Reha, vor einem Tannenbaum mit elektrischem Licht. Silvester wurden Luftschlangen über die Neonlampen an der Decke gehängt, und im Januar konnte Mama nicht mehr. Papa schaltete eine Anzeige, und dann stellte er diesen Jürgen ein, der sich im Beerdigungsinstitut um die Büroarbeit kümmern und bei der Organisation helfen sollte. Ich fand das so mittelgut. Nun ging jeden Tag ein Fremder durch unseren Flur in Mamas Büro. Es war wie im Mehrbettzimmer in der Reha: Nirgendwo waren wir für uns. Außerdem fand ich diesen Jürgen mit seiner mürrischen Art komisch. Noch komischer fand ich seine Tochter Martha, die neuerdings auf meine Schule ging und nun dreimal die Woche nach dem Unterricht zu uns zum Mittagessen kam. Sie trug immer riesige, viel zu große Pullover. Wenn sie sich hinsetzte, schleiften die Ärmel auf dem Boden, und manchmal reichte das Bündchen bis über ihre Knie. Normalerweise wäre es mir peinlich gewesen, wenn meine Klassenkameraden gesehen hätten, dass dieser Freak in unser Gartentor bog. Früher war ich nie gern aufgefallen. Aber jetzt war mir auch das egal. Ich war ein Außenseiter, und das normale Maß für *peinlich, blöd* oder *schlimm* hatte ich sowieso längst verloren. Mit Julius' Unfall hatten all diese Wörter eine andere Bedeutung bekommen. Probleme begannen erst, wenn es um Leben oder Tod ging.

Im Frühjahr passierte dann noch etwas echt Merkwürdiges: Je müder und kraftloser Mama wurde, desto entschlossener legte Papa los. Er begann wie ein Verrückter das Internet nach neuartigen Therapien zu durchforsten. Immer, wenn er auf einen Fall stieß, wo jemand aus dem Koma erwacht war, schickte er sofort Julius' Krankenakte dorthin. Er schrieb mit Ärzten auf der ganzen Welt. Aber jedes Mal lag der Fall ein bisschen anders.

Niemals konnte man das Gehirn meines Bruders mit dem der anderen vergleichen. Sie waren alle ein bisschen anders kaputt. Vielleicht war ja jedes Wachkoma-Gehirn auf seine ganz eigene, spezielle Art und Weise ramponiert?

Im Sommer dann, die Krankenakte war bestimmt schon mehrere Male um die Welt geflogen, begann Julius sich plötzlich zu verändern. Vielleicht wäre es mir gar nicht so sehr aufgefallen, wenn auf dem Nachttisch nicht die Siegerfotos von seinem letzten Pokalspiel gestanden hätten. Aber nachdem er bisher – trotz seines verbeulten Schädels – wie ein schlafender Prinz in seinem elektrischen Bett gelegen hatte, verzog sich nun sein Gesicht. Wie bei einem Pullover, der vom Waschen aus der Form geraten war. Vielleicht lag es an den Krämpfen, die er jetzt manchmal bekam? Sein ganzer Körper bog sich dann durch wie ein Flitzebogen. Ich hörte, wie ein Pfleger erzählte, dass sich Patienten dabei schon selbst die Knochen gebrochen hatten, so sehr hatten sich die Muskeln verkrampft. Von da an ging ich bei Julius' Krampfanfällen aus dem Zimmer. Die Vorstellung, er könne sich selbst einen Arm oder ein Bein brechen, war einfach zu gruselig.

Trotzdem verloren wir die Hoffnung nicht. Weder die fiesen Krampfanfälle noch die zwanzigste Absage eines Arztes von irgendwo aus der Welt ließen uns daran zweifeln: Es würde der Moment kommen, an dem Julius auf uns reagierte, an dem er zeigte, dass er uns hörte oder spürte. Es war für uns so sicher, wie jedes Jahr Weihnachten kam: Julius würde aufwachen. Mama und Papa machten sich gegenseitig Mut und versicherten, dass es nur Zeit bräuchte, dann würde Julius aus den Tiefen seines Komas auftauchen und wieder sprechen lernen. Oder wenigstens Zeichensprache. Wie dieser Mann in dem französischen Film, der nur mit einem Auge blinzeln konnte. Damit hatte er immerhin ein ganzes Buch diktiert.

Als die großen Ferien kamen, fuhren Oma und Opa mit mir an die Nordsee, damit ich mal raus und auf andere Gedanken käme. Erst war es toll: Oma und Opa kauften mir alles, was ich länger als drei Sekunden anguckte. Ich durfte jeden Tag bestimmen, wo wir essen gehen wollten. Ich durfte sogar im Auto vorn sitzen. Aber mit jedem Tag wurde mir klarer, dass das alles nicht normal war. Dass Oma und Opa mit ihrem ganzen Erlauben und den vielen Geschenken nur irgendetwas gutmachen oder mich trösten wollten. Wie sollte ich da Julius und das Wachkoma vergessen?! Am Ende war mir alles schrecklich peinlich, und ich fühlte mich schlecht. Ehrlich gesagt war ich froh, als der Urlaub vorbei war.

Als ich nach der langen Fahrt zu Hause ankam und in unserer Auffahrt aus dem Auto stieg, hörte ich als Erstes das Quietschen des Gartentrampolins. Durch die Büsche sah ich, wie jemand einen Salto drehte. Mir stockte der Atem – das konnte doch nur Julius! Ich raste los, riss das Gartentor auf, doch als ich um die Ecke sprintete, erkannte ich, dass es nur die durchgeknallte Martha war, mit einem ihrer Riesenpullis und den schlackernden Ärmeln.

»Spinnst du!«, schrie ich sie an.

Martha ging in die Knie und kam zum Stehen.

»Hat dir das irgendjemand erlaubt?!«

»Die Federn waren schon eingerostet, weil keiner gesprungen ist! Aber wenn du lieber willst, dass das Ding demnächst zusammenbricht, bitte!« Martha kletterte durch das Netz, sprang auf den Rasen und marschierte ins Haus. Jetzt war es wieder still. Ich verschränkte zufrieden die Arme vor der Brust – und war todunglücklich. Ich stand vor unserem Gartentrampolin, auf dem ich mit Julius immer den größten Spaß gehabt hatte, und fühlte mich so einsam, wie ich mich noch nie zu Hause einsam gefühlt hatte. Und da wurde mir klar: Egal, wie gestört Martha mit ihren hässlichen Pullovern war – sie war wenigstens da. Und so komisch das klang: Sie war wahrscheinlich das einzig Normale, was es noch in meinem Leben gab.

5

Am Ende der Sommerferien beschlossen meine Eltern, mich in der Schule eine Klasse zurückstufen zu lassen. Klar, ich hatte viel gefehlt, und mein Zeugnis war trotz Mitleid-Bonus unterirdisch schlecht. Dennoch war ich irgendwie überrascht. Die ganze Zeit hatte es keinen Menschen interessiert, was für Noten ich schrieb. Auch die Lehrer hatten sich nicht aufgeregt, wenn ich meine Bücher vergessen oder keine Hausaufgaben gemacht hatte. Dass sich überhaupt mal jemand Gedanken machte, was ich machte oder ließ, erstaunte mich wirklich.

Im Oktober näherte sich dann wieder mein Geburtstag, und mir gruselte schon. Ich wollte nicht, dass Oma und Opa kamen und versuchten, fröhlich zu sein, oder dass Mama einen Tag länger aus der Reha zu Hause blieb und ständig nervös das Handy kontrollierte. Und mit den neuen Mitschülern hatte ich noch weniger zu tun als mit denen in meiner alten Klasse. Wie wollte ich mit denen feiern? Aber dann fragte Martha plötzlich zwei Tage vor meinem Geburts-

tag beim Hausaufgabenmachen: »Was für'n Kuchen magst du?«

»Wieso?«

»Na, ich meine, wir müssen doch wenigstens Kuchen essen, wenn du Geburtstag hast. Und weil sonst keiner da ist, muss ich ja wohl einen backen, oder?«

Ich verzog zweifelnd das Gesicht. »Du kannst backen?«

»Willst du nun Kuchen oder nicht?! Von mir aus kannst du dir auch so eine Plastiktorte aus der Tiefkühltruhe im Supermarkt holen.«

»Schokotorte«, ploppte es wie automatisch aus meinem Mund. Ich wollte es nicht, aber es passierte einfach, und dann spürte ich, wie mir Tränen in die Augen stiegen, denn ich sah meinen Geburtstagstisch vor Julius' Unfall vor mir, bunt geschmückt, und ich schmeckte die sahnige Schokoladencreme. Julius hatte sich mit der Creme einen Schnurbart auf die Oberlippe geschmiert, und ich hatte mich totgelacht. Am Nachmittag waren zwölf Kinder gekommen. Papa und Julius hatten eine Rallye organisiert, Simon, Ben und ich waren ein Team und hatten gewonnen, und danach hatten wir alle auf dem Gartentrampolin getobt. »Schokotorte«, sagte ich noch einmal. »Mit Streuseln und Zuckerschrift.« Als wäre es ein Schwur oder irgendein Gebet.

»Okay.« Martha nickte und beugte sich wieder über ihr Englischheft.

An meinem Geburtstagmorgen stand tatsächlich eine Torte mit Schokoladenstreuseln auf dem Tisch. Sie war etwas schief, mein Name klebte viel zu weit rechts am Rand, aber sie war für mich und selbst gemacht. Martha hatte sich richtig Mühe gegeben. Am Nachmittag ging ich mit Papa und Martha ins Kino. Es war nicht unbedingt superfröhlich, aber es war ein schöner Tag. Erst am Abend, als ich im Bett lag, fiel mir plötzlich auf, dass ich mich in der Schlange vor der Kinokasse gar nicht für Martha und ihren Riesenpulli geschämt hatte. Ich hatte einfach vergessen, wie superpeinlich das Schlabberding mit den langen Ärmeln war. Komisch, dachte ich. Irgendwie gewöhnte man sich mit der Zeit an alles.

Am nächsten Nachmittag fragte ich Martha, ob sie Lust hätte, mit mir auf dem Gartentrampolin zu springen, aber Martha wollte lieber mit mir in die Sargausstellung und probeliegen. Ihr Vater hatte ihr das nämlich verboten.

»Kein Thema«, sagte ich. »Komm mit.«

Martha betrat die Halle mit den Särgen wie eine Schatzkammer. Ich hatte keine Ahnung, wie sie sich den Raum vorgestellt hatte, aber offensichtlich war sie von den beiden langen Sargreihen rechts und links schwer beeindruckt. Ich glaube, sie ging sogar auf Zehenspitzen.

Mama und Papa hatten alle Särge zur Wand hin etwas aufgebockt, sodass die Kopfenden etwas höher lagen. Zwischen den einzelnen Särgen standen Buchsbäume aus Plastik, die aber ziemlich echt aussahen. Hinter jedem Sarg war ein riesiger Fotodruck aufgehängt. Die Rahmen sahen wie Fenster aus, sodass man den Eindruck hatte, der Raum läge mitten in einer schönen, grünen Landschaft mit weichen Hügeln und Bäumen. Das Licht kam warm von der Decke heruntergerieselt, ganz heimelig. Ich glaube, in wenigen Wohnzimmern ist so eine gemütliche Stimmung wie in unserer Sarghalle. Plötzlich blieb Martha fassungslos stehen. »1290 Euro?! Für so eine Holzkiste?!«

»Das ist ein hochwertiger Kuppelsarg aus Kirschholz«, erklärte ich fachmännisch. »Er hat Schnitzereien an der Deckelplatte und sechs gusseiserne Ringgriffe. Wenn du es billiger möchtest, musst du bei Kiefer gucken.«

Martha schlenderte weiter an den Särgen entlang. Dann blieb sie an einem hellen, einfachen Modell aus Kiefer stehen. »Da möchte ich rein.«

»Okay, aber du musst mit anfassen!« Ich löste die Schrauben auf der einen Seite, und Martha tat es mir auf der anderen Seite nach. Dann hoben wir den Deckel ab. Einen Moment betrachtete Martha das mit weißem, glänzendem Stoff ausgeschlagene Innenleben. Sie ging ans Fußende und kletterte vorsichtig hinein. Dann setzte sie sich und legte sich langsam zurück.

»Und?«

»Es ist härter, als es aussieht.«

Ich grinste. »Bisher hat sich noch keiner beschwert.«

Martha lächelte schief zurück. »Kriegst du den Deckel auch allein drauf?«

Ich schüttelte den Kopf. »Julius hat das mal versucht, dann ist er ihm runtergerutscht, und eine Ecke ist abgeschlagen. Das gab Riesenärger.«

»Wart ihr hier oft, Julius und du?«

»Im Winter haben wir hier manchmal Verstecken gespielt. Aber so aufregend ist es ja auch nicht.«

Martha setzte sich wieder auf. »Gibt es auch verschiedene Größen?«

»Es gibt Kindersärge. Aber die haben meine Eltern nicht vorrätig. Ich glaube, sie haben auch nur zwei Mal einen gebraucht. Aber in letzter Zeit müssen sie häufiger einen XXL-Sarg besorgen.«

»XXL?« Martha schaute mich fragend an.

»Erst neulich hatten wir einen solchen Fettwanst, dass der Deckel nicht zuging! Papa und zwei Sargträger haben sich oben auf den Sarg geschmissen und gedrückt – aber keine Chance.«

Martha lachte. »Und was gibt es sonst noch für Sonderdinger?«

Ich deutete ans Ende des Saals. »Die dahinten kann man anmalen. Das machen jetzt immer öfter –«

»Ich weiß«, fiel Martha mir ins Wort. Ohne mich anzusehen, kletterte sie aus dem Sarg und rannte hinaus.

Verwirrt sah ich ihr nach. Das verstand ich jetzt gar nicht: Sie wollte, dass ich den Sargdeckel über ihr zumachte – aber rannte dann raus, wenn ich erzählte, dass man Särge bunt anmalen konnte?

»Toll! Und wie soll ich den Sarg jetzt allein zukriegen?!«, rief ich ihr nach. Aber sie antwortete nicht. Sie war einfach gegangen.

Dann kam die zweite Adventszeit nach Julius' Unfall. Das war jetzt übrigens unsere neue Zeitrechnung. Wir sagten nicht mehr »nach Christi Geburt« oder so. Bei uns hieß es »nach Julius' Unfall«. Alles wurde so eingeteilt: vor dem Unfall – nach dem Unfall. Dann folgte das zweite Weihnachten n. J. U. und das zweite Silvester n. J. U. Ich glaube, es war im Februar, als sich plötzlich Julius' Hände nach oben zogen. Als wenn jemand Fäden daran befestigt hätte wie bei einer Marionette. »Pfötchenstellung« nannten es die Pfleger. Für mich sah es eher aus wie die Osterhasen, die gerade den Supermarkt um die Ecke bevölkerten, mit dem Körbchen voller Schokoeier auf dem Rücken. Wenn keiner hinguckte, versuchte ich, Julius' Arme runterzudrücken oder geradezuziehen, aber er war, wie früher auch, stärker als ich.

Die Ärzte erklärten, dass Julius an den Armen operiert werden müsste. Ich glaube, das war der Moment, an dem unsere **Traurig-Zeit** begann. Es war nicht fair, dass Julius so leiden musste. Reichte es nicht, dass er vollkommen bewegungslos war? Dass er nichts sagen konnte und alles stumm über sich ergehen lassen musste? Waren nicht die heftigen Krampfanfälle schlimm genug? Warum das jetzt auch noch? Langsam hatten wir alle Behandlungen und Therapien ausgeschöpft. Ein Jahr zuvor hatten die Ärzte und Pfleger immer noch Sätze gesagt wie: ›Dann probieren wir mal das und dann das, und wenn das nicht anschlägt, könnten wir auch noch dies versuchen.‹ Jetzt folgte meist nur noch ein Schweigen, wenn Mama und Papa fragten, wie wir weiter vorgehen sollten. Ein Pfleger riet uns sogar, wir sollten beten. Aber auch das hatten wir ja bereits ziemlich viel gemacht. Früher waren wir immer nur mal ab und zu in die Kirche gegangen, wir kannten ja die ganzen Pastoren ganz gut, von den vielen Beerdigungen. Mit manchen waren wir locker befreundet. Aber seit Julius' Unfall sprach Papa regelmäßig mit einem. Und in der Reha gingen meine Eltern oft in die kleine Kapelle mit den orange-gelben Wänden. Das taten die meisten Leute hier. Mich überraschte das nicht. Papa hatte nach Trauergesprächen, wenn die Hinterbliebenen fromme Sprüche und Lieder aus dem Gesangbuch haben wollten, oft gesagt: ›Tja, wenn es hart auf hart kommt, dann ist auch der liebe Gott plötzlich wieder im Spiel.‹

Warum sollte das bei uns anders sein?

Kurz vor den Sommerferien, den zweiten n. J. U., sagte der Chefarzt der Reha, dass sie nichts mehr für Julius tun könnten.

Papa rastete aus, und selbst Mama, die ganz dünn

und blass geworden war, schrie den Arzt in einer Megalautstärke an.

»Wir machen selbst weiter«, beschloss Papa danach schwer atmend. »Glauben die, ich lasse meinen Sohn jetzt in irgendeinem Pflegeheim verrotten?! Nur weil die hier mit ihrem Latein am Ende sind?! Es gibt Fälle, wo jemand nach fünfzehn Jahren wieder aufgewacht ist!«

Mittlerweile hatte uns die Versicherung des Lkw-Fahrers Geld gezahlt. Davon wurde nun unser Haus umgebaut. Papa machte keine Kompromisse. Alles musste optimal sein. Julius' riesiges elektrisches Bett kam ins Wohnzimmer. Mitten rein, damit er einen Blick in den Garten hatte und problemlos nach draußen geschoben werden konnte. Natürlich bekam Julius auch den großen Fernseher. Und den Blick auf den Kamin. Papa erkundigte sich sogar nach einem Therapiehund. Das war das erste Mal, dass ich ein bisschen neidisch wurde. Ich hatte mir ewig einen Hund gewünscht, und nie hatten wir genug Zeit für ein Haustier. Aber jetzt, wo wir eigentlich doppelt Stress hatten, wurde plötzlich überlegt, einen Hund anzuschaffen! Trotzdem freute ich mich natürlich für Julius und schämte mich für meine schlechten Gedanken.

Julius' Wiedereinzug feierten wir mit einem kleinen Grillfest im Garten. Oma und Opa kamen, Jürgen und Martha, die Nachbarn und ein paar von Julius' Freunden aus dem Basketballteam und der Schule. Als Arne reinkam und Julius das erste Mal seit Langem wieder sah, wurde er vor Schreck ganz grün im Gesicht. Er ging rückwärts aus dem Wohnzimmer, schloss sich im Klo ein und kam erst raus, als die Würstchen fertig waren. Am coolsten war eigentlich Martha. Die rümpfte nicht mal die Nase, als sie den vollen Urinbeutel sah. Oder das Windelpaket. Sie schien das alles normal zu finden, wie ihre peinlichen Pullover.

An diesem Nachmittag saßen wir an einem langen, schön gedeckten Tisch in der Sonne. Wir lachten. Nicht nur so sekundenkurz wie in der Reha, sondern lang. Und echt. Es war fast ein bisschen wie früher, und für einen kurzen Moment glaubte ich, dass es irgendwann wirklich wieder so werden könnte, aber dann stellte sich am nächsten Tag Julius' neuer Hausarzt vor.

Das war der Moment, als unsere **Zeiten** auseinanderbrachen.

6

Dr. Martin Ölschläger sah nett aus. Er war groß, sportlich, und seine wenigen Haare waren kurz geschnitten. Er hatte Julius' Akten ziemlich genau studiert, jedenfalls wusste er alles: von dem Unfall, der Reha und sogar, wo Papa die Akten schon überall hingeschickt hatte. Er untersuchte Julius ausgiebig und bat Mama und Papa dann um ein Gespräch. Sie setzten sich um den runden Esstisch im Wohnzimmer, Papa holte Kaffee und Kekse, und Mama schickte mich nach einem Blick von Dr. Ölschläger aus dem Raum. Ich setzte mich in die Küche, wo Martha schon Hausaufgaben machte, ließ die Tür aber einen Spalt offen, um zu lauschen.

»Ich gehe davon aus, dass Ihr Sohn in seinem jungen Alter keine Patientenverfügung gemacht hat?«, begann Dr. Ölschläger. Mama und Papa schüttelten wohl mit dem Kopf, denn nach einer kleinen Pause fragte Dr. Ölschläger weiter: »Hat Julius jemals eine Äußerung gemacht, was er in solch einem Fall für sich, für sein Leben gewollt hätte?«

Ich war baff. Bisher hatte noch nie jemand gefragt, was Julius zu dem Ganzen sagen würde! Ich meine, *wir* wurden ja kaum gefragt.

»Wie meinen Sie das?«, fragte Papa, und seine Stimme klang ein bisschen misstrauisch. Ich rutschte mit meinem Stuhl nach hinten und kippelte zurück, um durch den Türspalt zu linsen. Papa hatte die Arme auf den Tisch gelegt und die Hände zu Fäusten geballt. Irgendwie schien er die Frage nicht gut zu finden. Ich verstand nicht, warum. Es war doch super, wenn endlich mal einer nach Julius' Wünschen fragte!

Dr. Ölschläger sah in seine Kaffeetasse, als müsse er überlegen, wie er das, was er meinte, am besten ausdrücken sollte. Dann holte er Luft und sah Papa an. »Für mich als behandelnder Arzt steht an erster Stelle der Wille des Patienten. Ich möchte, ich *muss* sogar in Julius' Interesse handeln. Darum möchte ich wissen: Hat es zwischen Ihnen und Julius mal ein Gespräch gegeben, was passieren soll, wenn er durch einen Unfall oder eine Krankheit nicht mehr in der Lage ist, sich selbst zu äußern? Oder selbstständig zu handeln? Oder hat er mal etwas zu Freunden gesagt? Vielleicht wurde das Thema ja mal in der Schule diskutiert?« Dr. Ölschlägers Stimme klang sanft und klar, und ich mochte sie. Er schaute zu Mama. Die seufzte, legte die Hände vors Gesicht und schloss die Augen. Ich war nicht sicher, ob sie müde war oder überlegte, ob Julius mal etwas in der Richtung zu ihr gesagt hatte. Papa starrte Dr. Ölschläger nur weiter an, fast so, als würde er mit ihm ein Pokerspiel austragen.

»Okay«, sagte Dr. Ölschlager. »Betrachten wir die Sache mal rein rechtlich: Ich habe einen Eid abgelegt. Ich habe geschworen, meinen Patienten nie zu schaden. Das heißt: Wenn ich Julius gegen seinen Willen ein Medikament verabreiche oder eine Spritze gebe – dann ist das Körperverletzung. Verstehen Sie?«

»Ja«, sagte Mama, und Dr. Ölschläger nickte ihr dankbar zu.

»Es ist nämlich so: Jede Therapie – also alles, was wir hier mit Julius anstellen und was über die reine Pflege hinausgeht – muss zu einer Besserung seines Zustands führen. Das ist der Sinn von Therapie.«

»Das wissen wir«, fiel Papa ihm ins Wort und wippte nervös mit dem Bein. »Sie sind nicht der erste Arzt, mit dem wir zu tun haben.«

»Gut.« Dr. Ölschläger lächelte fast ein bisschen erleichtert. »Dann hat man Ihnen wahrscheinlich auch gesagt, dass der reine Erhalt des Lebens kein Argument für eine Therapie ist.«

Papa hörte auf, mit dem Bein zu wippen, und Mama sah Dr. Ölschläger fragend an. Der ließ sich nicht aus der Ruhe bringen und sagte in einem sehr sanften Tonfall: »Ich möchte mit Ihnen besprechen, was geschehen soll, wenn Julius im nächsten Monat zum Beispiel ... eine Lungenentzündung bekommt.«

Nun kam ich nicht mehr mit. Wieso sollten wir uns denn darüber Gedanken machen? Wir hatten schließlich schon genug mit dem zu tun, was jetzt da war: Krampfanfälle, wunde Stellen und die Thrombose-Gefahr. Wieso sollten wir uns auch noch Gedanken über Krankheiten machen, die noch gar nicht da waren? Und hoffentlich auch nicht kamen!

Aber Dr. Ölschläger erklärte fünf Sekunden später schon, warum: »Wir müssen uns überlegen: Ist es im Falle einer Lungenentzündung in Julius' Interesse, dass ich ihm ein Antibiotikum verabreiche? Sind die folgenden, stressigen Behandlungen in seinem Sinne? Röntgen der Lunge, Fahrten ins Krankenhaus ... Wir sollten uns das bei jedem Schritt fragen: Dient es wirklich der Besserung von Julius' Zustand?«

Einen Moment war es totenstill im Wohnzimmer.

Dann nickte Mama, aber Papa fuhr Dr. Ölschläger scharf an: »Was wollen Sie damit sagen?«

»Dass Sie für sich zu einer Entscheidung kommen müssen, ob und wie lange eine weitere Behandlung im Interesse Ihres Sohnes ist.« Dr. Ölschläger stand auf. »Denken Sie in Ruhe nach. Sie können mich jederzeit anrufen. Ich bin immer zu einem Gespräch bereit.«

Moment, Moment, Moment, dachte ich und ahnte langsam, warum Papa so pokermäßig kalt gewesen war. Wenn ich richtig verstanden hatte, dann hatte Dr. Ölschläger da gerade eben gesagt, wir sollten uns überlegen, ob Julius bei einer Lungenentzündung Medikamente bekommen sollte – oder nicht? Also, wir sollten jetzt entscheiden, ob er dann behandelt werden oder lieber sterben sollte? Wir sollten sagen, was richtig ist: Leben oder Tod?!

Ich ließ meinen Stuhl zurück auf alle vier Beine kippen. Martha hob eine Augenbraue, guckte aber weiter auf ihr Arbeitsblatt. Sie hatte alles mitgehört, da war ich sicher. Und irgendwie passte es mir nicht, denn ich hatte ein ganz schlechtes Gefühl, wenn ich an Mamas und Papas verschiedene Reaktionen dachte.

Beim Abendbrot ging es dann los. Mama fragte plötzlich: »Glaubt ihr, Julius hätte das alles so gewollt?«

»Was?«, fragte Papa, und wieder lag so ein drohender Unterton in seiner Stimme.

Mama machte eine hilflose Bewegung durch die Luft. »Das alles. Sein Leben, so wie es jetzt ist.«

Papas Brustkorb hob und senkte sich heftig. »Niemand will so etwas«, sagte er, ohne den Blick von seinem Schinkenbrot zu nehmen. »Aber darum geht es nicht.«

»Worum dann?«, fragte Mama und sah Papa an.

»Darum, dass wir eine Brücke zu Julius schaffen müssen. Dass er wieder aufwacht, dass er sprechen, essen, sitzen lernt. Dass wir einen Zugang finden zu seiner Seele, die einfach nur gefangen ist in seinem kranken Körper!«

Mama nickte mechanisch. »Ja, aber was, wenn wir das nicht schaffen? Weil es … weil es vielleicht gar nicht geht?«

»Das diskutiere ich nicht.« Papa stand auf und verließ die Küche.

»Du kannst nicht einfach weglaufen und das Gespräch beenden!«

»Das ist kein Gespräch!«, brüllte Papa nun. »Das ist Verrat! Verrat an deinem Kind! Du willst es in den Tod schicken! Nur weil so ein Arzt, der ihn zum ersten Mal sieht, das vorschlägt! Wahrscheinlich kriegt er noch eine Prämie von der Krankenkasse dafür!«

Die Krankenkasse war Mamas und Papas großer Feind. Gerade kämpften sie wieder um Urinbeutel. Die Kasse war nämlich der Meinung, dass Julius nur vier Urinbeutel im Monat zustanden. Das war eindeutig zu wenig. Wenn man die Beutel nämlich nicht oft genug wechselte, stank das ganze Haus nach Pisse. »Sie können ja mal herkommen und sich selbst überzeugen«, hatte Papa beim letzten Telefonat geschimpft und aufgelegt.

Nun sprang auch Mama vom Abendbrottisch auf und rannte Papa nach. »Und wenn Julius unvorstellbare Qualen durchleidet?! Schmerzen?! Verzweiflung?! Ich halte das nicht mehr aus! Die Vorstellung, dass –«

Papa schubste Mama grob aus dem Wohnzimmer. »Sei still!«

Ich zuckte zusammen. So etwas hatte ich noch nie

erlebt. Papa konnte ausflippen, schreien – aber niemals bei Mama oder Julius und mir!

»Du hast Angst, dass er uns hört?«, fragte Mama leise. »Dass er jedes Wort versteht?! Aber macht es das nicht noch grausamer?!«

Papa fuhr sich niedergeschlagen durchs Haar. Ich glaube, er selbst war noch erschrockener als Mama, dass er sie geschubst hatte. »Es tut mir leid, das wollte ich nicht«, sagte er leise. »Es tut mir wirklich leid.«

Mama nickte und antwortete ebenso leise: »Ich weiß. Aber wir müssen darüber nachdenken. Nur nachdenken. Was auch immer dabei rauskommen wird. Versprichst du mir das?«

Papa stützte sich am Türrahmen ab, als wenn er nicht mehr die Kraft hätte, allein zu stehen. »Es gibt da so ein Verfahren ...« Und dann erzählte er die Geschichte von einem Neurochirurgen in Kanada. Es klang superspannend: Dieser Adrian Owen hatte Wachkoma-Patienten, von denen alle dachten, dass sie nichts mehr mitbekommen, mit dem Kopf in einen fMRT geschoben und ihre Gehirne gescannt. Dabei sollten sie sich vorstellen, dass sie Tennis spielen. Denn wenn man das dachte, leuchtete auf dem Bildschirm eine ganz bestimmte Stelle im Gehirn auf. Danach sollten die Patienten sich vorstellen, dass sie durch ihr Haus gingen: Flur lang, Treppe hoch, durchs Badezimmer – was weiß ich. Und wenn sie das taten, leuchtete eine andere Stelle im

Kopf auf. Das war bei allen Menschen mit funktionierendem Gehirn so und hatte nichts mit Wachkoma zu tun. Ich stellte mir das Ganze vor wie diese Laser-Bewegungsmelder, die ich in dem Film *Oceans 12* gesehen hatte, wo in einem Museum die Wachleute alarmiert wurden, wenn nur eine winzige Fliege durch den Raum flog. Super, dachte ich, das probieren wir! Aber dann fiel mir ein: Kanada. Das war ziemlich weit weg, und wenn ich nur an das Theater dachte, Julius in einen Liegend-Rollstuhl zu verfrachten oder ins Krankenhaus zu fahren – wie sollten wir ihn dann bis nach Kanada bringen?! Julius würde im Flugzeug drei Plätze brauchen. Die Krankenkasse wollte ja nicht mal fünf Urinbeutel zahlen, was würden sie dann erst zu drei Plätzen im Flieger sagen?!

Aber nun kam der Superhammer in Papas Geschichte: Der Arzt, dieser Owen, hatte den Patienten dann auch noch Fragen gestellt. Wenn sie mit ›Nein‹ antworten wollten, sollten sie sich vorstellen, Tennis zu spielen. Und die Vorstellung, im Haus rumzurennen, die ja anders im Kopf aufleuchtete, bedeutete ›Ja‹.

Wow, dachte ich. Auf langen Autofahrten hatten Julius und ich immer so ein Spiel gespielt, wo man nur mit ›Ja‹ oder ›Nein‹ antworten durfte. Das klappte ziemlich gut. Wir hatten echt viel voneinander rausgekriegt! Und wenn das mit diesem fMRT und Julius' Kopf genauso gut ging, dann konnten wir ja richtig mit ihm reden! Wir konnten ihn alles fragen! Das würde unser Leben viel leichter machen!

Andererseits: Wir konnten ja schlecht nach Kanada fliegen, um Julius zu fragen, ob er das Bett zur Terrasse gedreht haben wollte. Oder den Fernseher lieber lauter hätte. Wenn wir in Kanada ankamen, wäre die Sendung vorbei. Wahrscheinlich hätten wir längst die Frage vergessen.

Aber Papa war trotzdem vor Begeisterung ganz außer sich. »Owen und sein Team können feststellen, ob der Patient sie wirklich verstanden hat! Denn auf eine Aufforderung kann man nur reagieren, wenn man einen Willen hat! Und für einen Willen braucht man ein Bewusstsein!«, rief er. »Und diese Wachkoma-Patienten, die alle für reaktionslos hielten, für innerlich tot, die konnten das! Die waren voll da! Sie haben alles genau mitgekriegt! Man weiß das von Patienten, die später wieder aufgewacht sind!«

»Drei«, sagte Mama müde. »In zwanzig Jahren sind drei erwacht. Ich habe den Bericht auch gelesen.«

»Aber sie konnten mit viel mehr Patienten kommunizieren!«, beharrte Papa. »Und die konnten sie fragen, ob sie Schmerzen haben! Oder was ihnen hilft!«

»Siebzehn Prozent! Siebzehn Prozent der Patienten, die man für reaktionslos hielt, konnten das«, warf Mama ein. »Das ist toll. Und ich wünschte, wir hätten so ein fMRT hier zu Hause und Julius würde darauf anspringen.« Sie legte die Arme um Papa. »Aber wir haben es nicht! Und auch, wenn ich weiß, dass es jetzt erste Versuche dieser Art in Europa gibt, und selbst wenn wir da einen der wenigen Untersuchungsplätze ergattern würden, selbst wenn wir Spendengelder sammeln könnten, um einen Transport dorthin zu bezahlen – und selbst wenn etwas dabei rauskommen würde –, danach würde man uns wieder nach Hause schicken.« Sie nahm sein Gesicht fest zwischen ihre Hände und sah ihn an. »Zehn Untersuchungen, in denen wir vielleicht ein paar Fragen mit Julius klären könnten – und dann lassen wir ihn wieder in seinem dunklen Gefängnis allein?! Weißt du, was das bedeutet?! Das ist Folter! Nur weil *wir* eine Antwort wollen! Darum müssen wir uns fragen: Tun wir das alles für ihn – oder wollen wir das für uns? Für unsere Gewissheit?«

»Ich muss ins Bett«, sagte Papa und schob Mama weg. Er drehte sich um und schlappte die Treppe nach oben zum Schlafzimmer.

7

Von diesem Tag an wurde alles noch einmal ganz anders. Bis dahin hatten wir zusammengehalten. Für Julius – gegen alles und jeden. Die meisten Menschen verstanden uns nicht. Sie wussten nichts von unserem Schmerz, unserer Angst, unserer Hoffnung. Wir nahmen ihnen das nicht übel. Wir hätten es ja selber nicht verstanden, wenn wir da nicht reingeschleudert worden wären. Aber nach dem Gespräch mit Dr. Ölschläger war etwas auseinandergebrochen. Mama und Papa zogen nicht mehr gemeinsam in eine Richtung, sondern drifteten irgendwie auseinander. Ihre Diskussionen wurden von Tag zu Tag heftiger. Dabei sagten sie eigentlich immer das Gleiche. Nur jedes Mal lauter und wütender. Manchmal, wenn ich nach der Schule zur Haustür reinkam, sprachen sie superbetont höflich miteinander. Dann wusste ich, dass es furchtbar gekracht hatte. Man hätte die Spannungen, die in der Luft lagen, zeigen können, so wie bei diesem Magnet-Eisenspäne-Versuch, dann hätte man zwei megaharte Fronten gesehen.

Ich war froh über jede Sekunde, die Martha und Jürgen im Haus waren, denn dann rissen sich Mama und Papa zusammen, und manchmal schienen sie sogar ihren Streit für einen kurzen Moment zu vergessen. Doch richtig weg ging die Frage von Dr. Ölschläger nicht mehr.

Ich begann, schlecht zu träumen. Und dann bekam ich Angst. Richtig schlimme Angst: Was, wenn Mama und Papa sich nicht einigten? Was passierte dann mit Julius, mit mir? Was, wenn sie vor Gericht gingen, wie diese eine Familie in der Reha? Was, wenn der Richter dann meine Meinung wissen wollte? Was war richtig?! Was war falsch?! Ich war zwölf Jahre alt – woher sollte ich das wissen? In meinem Alter beschäftigte man sich mit seinem Handy, seiner Frisur oder dem Crossrad! Aber nicht mit so einer Frage!

Allmählich fürchtete ich mich, überhaupt etwas zu sagen. Denn jedes Wort konnten Mama oder Papa ja missverstehen oder als Argument für sich benutzen. Und dann hätte der jeweils andere das Gefühl, ich würde ihm in den Rücken fallen, und wäre schrecklich enttäuscht von mir. Es war zum Verrücktwerden. Am liebsten hätte ich überhaupt nicht mehr geredet. Darum versuchte ich, Mama und Papa so viel wie möglich aus dem Weg zu gehen. Aber so konnte es natürlich auch nicht weitergehen. Wir brauchten eine Lösung. Und zwar schnell, bevor alles zu spät war.

Als in der kommenden Woche die Krankengymnastin

kam, die Julius' Arme und Beine bewegte, wartete ich, bis meine Eltern außer Hörweite waren. Karin war Spezialistin und beugte viele Arme und Beine von Wachkoma-Patienten. Immer, wenn wir sie etwas fragten, überlegte sie kurz und sagte dann: »Also, ich hatte da mal einen Fall ...« Und dann kam eine einleuchtende Antwort. Wenn jemand Bescheid wusste, dann sie.

»Du, Karin«, sagte ich leise, »wenn man so ein fMRT macht und das Gehirn scannt und wenn dann *nichts* auf den Bildern zu sehen ist – ist das dann der Beweis, dass da auch nichts ist? Also kein Bewusstsein?«

»Nein«, sagte sie, während sie sanft über Julius' Arme und Beine strich. »Das beweist nicht, dass da nichts ist. Man kann erkennen, wenn da etwas ist, aber man kann nicht hundertprozentig sagen, dass da nichts ist.« Sie beugte sich zu mir herüber und sah mich traurig an. Ich roch den Rosenduft, den sie verströmte. Manchmal roch das Wohnzimmer noch stundenlang, nachdem sie gegangen war, nach Rose. Man wusste immer, wenn sie Julius besucht hatte.

Karin strich mir übers Haar. »Ach, Bela, es können ganze Universen in deinem Bruder schlummern, ohne dass wir es feststellen können. Vielleicht können wir das irgendwann einmal mit Sicherheit sagen oder ausschließen. Aber im Moment leider noch nicht. Das, was jetzt wirklich in Julius ist, das weiß nur der liebe Gott.«

Ich nickte und ging in die Küche.

Martha saß am Tisch und löste Aufgaben auf einem Arbeitsblatt. Ohne aufzuschauen, sagte sie: »Gott gibt es nicht. Und wenn, dann ist er ein Arschloch.«

Ich war fassungslos. »Wie kannst du so etwas sagen?!«

»Wenn es ihn gibt und wenn er nur einen Funken Anstand hat, warum tut er dann so schreckliche Dinge, wie Unfälle mit Lkws oder ... oder andere furchtbare, brutale Sachen?!«

Darauf hatte ich keine Antwort. Und es war natürlich ein Argument. Ich hatte mich auch oft gefragt, wo Gott gewesen war, als der Lkw gegen Julius geknallt war. »Gott kann nicht überall sein«, hatte meine Therapeutin zu erklären versucht, und das fand ich irgendwie logisch. Bei siebeneinhalb Milliarden Menschen auf der Erde konnte man nicht gleichzeitig immer auf alle aufpassen. Andererseits wäre es echt ärgerlich gewesen, wenn Gott gerade auf mich in der Küche geguckt hätte, anstatt auf Julius an der Kreuzung. Aber wer weiß? Vielleicht wäre ich sonst ausgerutscht und mit dem Bauch ins Brotmesser gefallen? Schließlich konnte man ja nicht auf der einen Seite fragen, warum etwas so Schreckliches passierte – ohne zu fragen, warum zwei Kilometer weiter NICHTS passierte?

Martha winkte ab. »Na ja, ist ja auch egal, du kannst ihn ja so oder so nicht fragen. Das heißt, du kannst schon, aber du bekommst keine Antwort.«

»Es haben schon Leute Zeichen von Gott bekommen«, hielt ich dagegen.

Martha hob spöttisch einen Mundwinkel. »Ja, ja, brennende Dornbüsche und geteilte Meere und so. Haben sie mir im Religionsunterricht auch erzählt. Aber hinterher kann man immer leicht sagen, das war ein Zeichen.«

Ich spürte, wie mir der Hals eng wurde. Ich wünschte mir so ein Zeichen. Ein Zeichen, das mir genau sagte, was richtig oder falsch war. Ich wünschte mir so sehr einen Beweis, der Mamas und Papas schrecklichen Streit beendete, eine klare Antwort, die alles wieder in Ordnung brachte! Ich spürte, wie meine ganze düstere Verzweiflung drohte, in mir nach oben zu spülen. Nicht heulen, nicht heulen, nicht heulen, flehte ich. Nicht vor Martha! Nicht jetzt!

Sie sah mich bohrend an.

»Und was soll ich dann machen?!«, presste ich mit krächziger Stimme hervor. »Irgendwie muss ich doch herausbekommen, was richtig ist! Einer muss es doch wissen! Sonst zerstreiten sich meine Eltern, oder sie gehen vor Gericht und trennen sich, und Julius kommt in ein Pflegeheim, und ich … und dann?«

Martha schob ihre Hausaufgaben beiseite und überlegte. Sie seufzte, fuhr sich mit dem langen Ärmel über den Mund und sagte schließlich: »Also, wenn du wirklich glaubst, dass nur noch der liebe Gott die Antwort weiß, er dir aber keine Antwort geben wird, dann … dann musst du halt seinen Vertreter fragen.«

»Häh?«

»Seinen irdischen Vertreter! Davon gibt es ja nur einen. Den Papst.« Martha sagte das, als sei es die normalste Sache der Welt.

»Wie soll ich denn den Papst fragen?!«, fuhr ich sie an. »Hast du vielleicht seine Handynummer?«

»Der Papst hat ein Handy?«, fragte Martha stirnrunzelnd zurück. »Na, egal. Ich weiß nur, dass er so Treffen veranstaltet, Audienzen heißen die. Da kann man hingehen, sich segnen lassen oder auch was fragen. Meine Tante wollte das mal unbedingt, weil – na, egal, sie hat an den Vatikan geschrieben, wo er wohnt. Keine Ahnung, was draus geworden ist. Mein Vater fand das Mumpitz, und wir haben seitdem keinen Kontakt mehr.«

Bei ›keinen Kontakt‹ fühlte ich einen kalten Stich. Ich hätte jetzt nicht sprechen können, ohne eine weinerliche Stimme zu haben, darum zog ich ganz schnell mein Handy aus der Tasche und gab **Papst** ein. Da stand: **Papst ist der deutschsprachige geistliche Titel für den Bischof von Rom als Oberhaupt der römisch-katholischen Kirche.** Und: **Das Amt des Papstes, der bischöfliche Stuhl des Bistums Rom, ist als Heiliger Stuhl bekannt. Der Papst vertritt in internationalen Beziehungen den Staat Vatikanstadt und die gesamte Kirche.**

»Da steht nicht, dass er Gott vertritt.«

»Dann guck mal auf einer anderen Seite nach. Ich weiß das hundertpro.«

Ich steckte mein Handy weg. »Außerdem bin ich evangelisch.«

Martha zog einen Mundwinkel hoch. »Ich glaube, das sieht der nicht so eng.«

»Und du meinst, man kann zu so einer ... einer Audienz einfach hingehen?«

»Ich glaube schon.«

»Der Papst wohnt in *Rom*!«

Martha nickte. »Ja, aber da kann man mit dem Zug hinfahren. Dauert zehn oder zwölf Stunden. Aber dir fallen bestimmt noch ein paar mehr Argumente ein, warum du deinen Hintern nicht hochkriegst.«

Jetzt wurde ich echt wütend. »Das ist ja auch nicht einfach!«

»Einfach im Vergleich zu was? Dass deine Familie auseinanderbricht?«

Verdammt, Martha hatte wirklich alles mitgekriegt.

Sie zog wieder so spöttisch einen Mundwinkel hoch. »Glaubst du, du bist mit deinem Mist allein auf der Welt?! Glaubst du, nur *du* weißt, wie das ist, wenn eine Familie kaputtgeht?!«

Ich guckte schnell aus dem Fenster, denn ich konnte Martha jetzt nicht ansehen. »Es ist trotzdem nicht so leicht«, beharrte ich. »Ganz allein nach Rom zu fahren und zu versuchen, so eine Au –«

»Wer sagt denn, dass du allein fahren musst?«

Ich sah sie überrascht an.

»Ich habe da auch noch eine Frage an den Kerl. Ich komme mit.«

»Okay«, sagte ich verblüfft. »Ich denk drüber nach.«

8

An diesem Abend wurde der Streit zwischen Mama und Papa richtig schlimm. Ich lag auf dem Bett und hörte, wie Mama schrie: »Ich halte das nicht mehr aus! Ich halte Julius' Leid nicht mehr aus!« Und Papa brüllte: »Ich könnte niemals weiterleben, wenn ich nicht alles versucht hätte!« Eine Tür knallte, und dann wurde es still, eine schreckliche, in den Ohren rauschende Stille. Ich zog mein Handy aus der Tasche und schrieb an Martha: **Wann fahren wir los?**

Ich hatte nicht groß nachgedacht, ich hatte einfach nur die Nachricht getippt, einfach, weil ich irgendetwas tun musste.

Nach ein paar Minuten blinkte eine Antwort auf meinem Display auf: **Sobald wir Geld und Fahrkarten haben.** Und zwei Sekunden später folgte die nächste SMS: **Ich nehme die Kreditkarte von meinem Vater.**

Ich schnappte nach Luft. Martha wollte ihren Vater beklauen?! Das konnte sie nicht machen! Schnell schrieb ich: **Das funktioniert doch gar nicht ohne Geheimnummer!**

Hab ich, schrieb sie zurück. Und: **Was kannst du besorgen?**

Das ist doch vollkommen irre, dachte ich. Was tue ich hier?! Und dann – ich wusste wirklich nicht, warum – nahm ich mein blaues Sparschwein mit dem Geburtstags- und Weihnachtsgeld und schüttete es auf dem Bett aus und zählte. Wahrscheinlich, weil mir in dem Moment einfach keine andere Lösung mehr einfiel. Weil der Papst der Einzige war, bei dem ich sicher war, dass Mama und Papa auf ihn hören würden. Weil er doch ein Spezialist für Gott und die Seele war. Und dann musste er auch wissen, was in Julius' Fall richtig oder falsch war. Ob er bei einer Lungenentzündung Medikamente kriegen sollte oder nicht.

Ich holte Luft und schrieb Martha: **Habe 287 Euro.**

Die Antwort kam prompt: **Reicht. Gucke nach Zügen.**

Es dauerte ungefähr eine halbe Stunde, dann meldete sich Martha wieder. Diesmal rief sie an. »Also«, klang ihre Stimme verschwörerisch aus dem Telefon, »morgen um 8.41 Uhr geht ein Zug über Basel und Mailand bis Rom. Wenn wir glatt durchkommen, sind wir abends da. Wir brauchen nur noch ein Hotel. Das könnten wir zwar im Internet mit der Kreditkarte meines Vaters buchen, aber ich bezweifele, dass die uns beiden den Schlüssel geben und uns allein ins Zimmer lassen.«

»Es gibt Hotels, da kommt man spätabends mit einem Zahlencode rein!«, fiel mir ein. »Im Sommer vor Julius' Unfall sind wir an die Ostsee gefahren und erst spätabends angekommen. Da gab es einen Briefkasten mit Zahlencode, wo man den Schlüssel rausholen konnte.«

»Spitzenidee«, lobte Martha. »Kennst du so ein Hotel in Rom?«

»In Rom? Quatsch, das war auf Usedom.«

Einen Moment schwiegen wir.

»Wir finden schon eine Lösung. Kannst du die Unterschrift deiner Eltern fälschen? Wir brauchen nämlich eine Vollmacht, dass wir allein reisen dürfen. Ich habe auf der Internetseite der Bahn nachgeguckt – es ist überhaupt kein Problem, wenn wir ohne Begleitperson fahren, aber sie empfehlen eine Vollmacht. Am besten auf Briefpapier. Die Fahrkarten kaufen wir am Automaten. Wenn jemand fragt, behaupten wir, dass wir Cousin und Cousine sind, die zum Geburtstag ihrer Oma fahren. Okay?«

»Okay.«

»Und vergiss deinen Pass nicht. Und Unterhosen zum Wechseln.«

»Haha.«

»Ich meine es ernst. Wenn es schnell geht, sind wir in drei Tagen zurück – wenn nicht ... Na egal, wird schon. Also: Sehen wir uns morgen am Bahnhof?«

Ich schwieg.

»Bela! Bist du noch dran?«

»Ja.«

»Jetzt sag nicht, dass du Schiss kriegst.«

»Nein, es ist nur –«

»WAS?!« Martha klang wütend. »Willst du nun deine Familie retten oder nicht?!« Und als ich nicht sofort antwortete, schob sie verächtlich hinterher: »Na, so wichtig scheint es dir wohl doch nicht zu sein!«

»Doch!«, protestierte ich. »Ich bin da. Am Bahnhof. Morgen früh.« Und dann sagte ich noch schnell, damit sie mir auch wirklich glaubte: »Kannst du was zu essen mitbringen? Bei mir fällt das sonst sofort auf.«

»Geht klar. Bis morgen.« Dann legte sie auf.

Ich pfiff aus. Das war verrückt. Total verrückt. Ich war noch nie so weit allein mit dem Zug gefahren. Und dann noch in ein anderes Land! In *zwei* andere Länder! Mir wurde heiß an der Stirn. Und dann kalt. Das konnte nicht gut gehen: die Fahrt, das Übernachten, die Papst-Audienz. Und es gab unterwegs bestimmt irgendwelche durchgeknallten Leute, die es auf heimlich abgehauene Kinder wie uns abgesehen hatten. Außerdem liefen auf Bahnhöfen immer Polizei oder Wachdienste herum. Und selbst wenn wir es bis nach Rom schafften – wer sagte, dass wir dann eine Eintrittskarte für so eine Audienz bekamen? Nee, das war vollkommen irre! Das konnte nicht gut gehen.

Ich griff zum Handy. Doch bevor ich auf *Martha* tippte,

stockte ich. Und ich glaube, in dem Moment wurde mir klar, dass die Angst, meine Familie zu verlieren, noch zehn Mal größer war als die Angst vor einer Fahrt nach Rom. Es ging darum, dass der Streit endlich aufhörte und dass wir zusammenblieben. Es ging um Julius. Und der hätte das sofort für mich gemacht. Und dann dachte ich daran, was er mir beim Frühstück, kurz vor dem Unfall, gesagt hatte: Du musst schon selbst dran glauben, dass du es schaffst.

Ich legte das Handy auf den Nachttisch, nahm meinen alten, von Julius ausrangierten Basketballrucksack und begann zu packen.

Martha war genau wie ich viel zu früh am Bahnhof. Aber das war ja auch logisch: Wir waren beide so früh von zu Hause aufgebrochen, als wenn wir zur Schule gehen würden. Jetzt mussten wir nur schnell und ohne aufzufallen aus der Stadt herauskommen, bevor das Schulsekretariat zu Hause bei uns anrief. Aber *unauffällig* konnte man mit Martha vergessen. Ihr heutiger Pullover war nicht nur wie immer viel zu groß – sondern auch noch bunt gestreift! Das Ende des geringelten Bündchens hing bis zur Mitte ihrer Oberschenkel runter, und die langen Ärmel schlackerten um ihre dünnen Beine. Man konnte gar nicht an ihr vorbeigucken!

»Komm«, sagte sie und steuerte in der Bahnhofshalle auf den ersten Fahrkartenautomaten zu.

»Bist du irre – wenn uns jemand sieht, den wir kennen! Lass uns irgendwo einen in der Ecke suchen!«

Wir sahen uns um. Hinter den Scheiben des Reisezentrums stand eine ganze Reihe Automaten. Allerdings lehnte da auch ein Helfer in blauer Bahnuniform.

»Der stellt bestimmt blöde Fragen«, sagte Martha. »Wir gucken auf dem Bahnsteig. Da stehen auch immer Automaten.«

Wir stapften die Stufen zu Gleis drei hoch und entdeckten den roten Fahrkartenkasten. Die Sache war ziemlich einfach: Man gab den Startbahnhof ein und dann das Ziel. Aber *Rom* wollte der Automat nicht nehmen.

»Vielleicht, weil das im Ausland liegt?«, überlegte Martha und zog ihren Reiseplan aus der Tasche. »Mmmh, probieren wir es mal mit – Basel!« Sie tippte los.

»Das ist doch auch nicht in Deutschland, oder?«, fragte ich skeptisch.

»Aber geht!«, triumphierte Martha.

Und tatsächlich: Da stand *Basel SBB* auf dem Bildschirm. Martha drückte auf WEITER, und dann ging alles ganz einfach, und unten aus dem Fach kamen die Fahrkarten herausgeploppt.

Wir hatten jetzt immer noch viel Zeit bis zur Abfahrt, und mit Marthas Pullover konnten wir unmöglich eine halbe Stunde auf dem Bahnsteig rumlungern, ohne Misstrauen zu wecken. Also liefen wir nach draußen und stellten uns zu dem Denkmal am Bahnhofsplatz.

Direkt unter dem Pferdeschwanz verabredeten sich immer Gruppen und Schulklassen, und in einer Horde Ausflügler fielen wir am wenigsten auf.

»Wir warten hier bis fünf vor, dann sausen wir los und springen auf den letzten Drücker in den Zug. Wenn jemand fragt, wo unsere Eltern sind, dann können wir zur Not sagen, wir wären in einen Stau gekommen und unsere Eltern hätten keinen Parkplatz gefunden und darum müssten wir jetzt ganz allein in den Zug steigen.«

Martha dachte wirklich an alles!

Und so rannten wir in letzter Sekunde los, sprangen in den Zug und suchten uns einen freien Tisch im Großraumabteil. Es summte, die Türen schlossen sich, und der Zug setzte sich in Bewegung. Wir sahen uns an und mussten lachen. Dabei fiel mir auf, dass ich Martha noch nie so richtig angeschaut hatte. Ich entdeckte auf ihrer Nase ein paar Sommersprossen. Ganz kleine. Dann betrachtete ich ihre welligen, langen, braunen Haare. Immer wenn ein kurzer Sonnenstrahl durch das Zugfenster blitzte, leuchteten sie ein bisschen wie Kupfer.

»Ist was?«, fragte Martha.

»Nö«, sagte ich, lehnte mich zurück und sah nach draußen, durch das Fenster. Ich fühlte mich wie ein Astronaut, der in unbekannte Galaxien aufbrach. Für einen Moment spürte ich tatsächlich keine Angst, nur kribbelige Aufregung. Wie beim Toben auf dem Gartentrampolin mit Julius. Und allein das war es schon wert.

Martha packte die Brötchen aus, die sie geschmiert hatte, und als der Schaffner kam, zeigten wir unsere Karten und die Vollmacht. Ich hatte die Unterschrift meiner Eltern perfekt gefälscht, es sah absolut echt aus.

»Na, und was habt ihr Großes in Basel vor?«, fragte der Schaffner.

»Unsere Oma hat Geburtstag. Das da ist mein Cousin, darum fahren wir zusammen«, log Martha, ohne rot zu werden.

Der Schaffner nickte freundlich. »Gut. Wenn es irgendein Problem gibt, ihr findet mich zwei Wagen weiter im Service-Abteil, okay?« Er zeigte in die Richtung, aus der er gekommen war.

»Das ist nett, danke«, sagte ich, aber da war er schon weiter zur nächsten Reihe gegangen und kontrollierte dort die Fahrkarten. In Göttingen stieg eine Frau mit einem großen Koffer ein und setze sich zu uns an den Vierertisch. Kaum hatte sie ihre Jacke ausgezogen, begann sie uns auszufragen: Wo wir herkämen, ob wir schon oft allein mit der Bahn gefahren wären, ob wir gar keine Angst hätten? Sie packte eine Tupperdose mit Weintrauben aus und schob sie uns zu. Dann wollte sie wissen, auf was für eine Schule wir gingen und in welche Klasse. Ob wir Geschwister hätten? Große, kleine?

Langsam wurde es unangenehm, und ich hatte Angst, dass wir irgendwann einen Fehler machten und uns verplapperten.

»Wollen wir Karten spielen?«, unterbrach ich die Frau darum und wühlte in meinem Rucksack nach den Uno-Karten. Natürlich lagen sie ganz unten, und ich musste den halben Rucksack auspacken. Und da passierte es: Mein Telefon, das ich unbedacht auf den Tisch gelegt hatte, brummte laut. Auf dem Display leuchtete **Mama** auf – und darunter: **Zwölf Anrufe in Abwesenheit**. Die Frau starrte auf das Handy. Dann sah sie mich an. Ich sah zu Martha. Martha sah zu der Frau. Mit jedem Brummen rutschte das Handy ein Stückchen weiter über den glatten Tisch auf die Frau zu. Dann brach das Brummen ab, und auf dem Display blinkte das kleine Kästchen auf: **Mama – 13 Anrufe in Abwesenheit**.

Ich grapschte nach dem Telefon und wand mich aus meinem Sitz. »Ich ruf mal eben zurück!« Mit wackeligen Schritten tappte ich den Gang hinunter auf die Glastür zu. Bevor ich das Abteil verließ, drehte ich mich um. Die Frau sah mir mit einem komisch misstrauischen Blick nach. Martha grinste bemüht fröhlich, aber das schien es nun auch nicht mehr zu retten. Die Frau guckte wie ein Spürhund, der Lunte aufgenommen hatte. Ich wankte weiter bis zu dem Stück Gang vor den Klos, wo Martha und die Frau mich nicht mehr sehen konnten.

Neben den Anrufen hatte Mama noch fünf SMS geschickt. **Ruf an!** Und: **Wieso bist du nicht in der Schule?!**

Ich drückte alles weg, zählte bis zwanzig und ging dann zurück.

»Sie wollte nur wissen, ob alles okay ist«, erklärte ich und rutschte wieder in meinen Sitz.

»Aha«, sagte die Frau, obwohl sie mir sicher kein Wort glaubte.

»Ich habe Lust auf eine Cola«, rief Martha da. »Wer kommt mit in den Speisewagen?«

»Ich«, sagte ich schnell und sprang wieder aus meinem Sitz. Dann fragte ich scheinheilig die Frau: »Kommen Sie auch mit?«

Sie schüttelte den Kopf. »Aber ihr könnt ruhig euer Gepäck hierlassen. Ich passe auf.« Dabei sah sie mich unangenehm bohrend an.

»Mein Vater hat gesagt, wir müssen unser Gepäck immer im Auge behalten«, erwiderte Martha mit dem liebreizendsten Lächeln, das ich bis dahin bei ihr gesehen hatte. Dann nahm sie ihren Rucksack und sagte: »Bis gleich – ach, aber wenn Sie uns die Plätze frei halten, das wär toll.«

Die Frau nickte, und wir stapften aus dem Großraumabteil. In der Spiegelung der Scheibe sah ich, wie sie den Kopf reckte und sich umsah. Wahrscheinlich suchte sie den Schaffner, um ihn sofort über ihren Verdacht zu informieren.

Martha schob mich vor sich her. »Wir müssen raus. Die Alte schlägt bestimmt gleich Alarm!«

Ich zeigte auf den Bildschirm im nächsten Großraumabteil und flüsterte: »Es sind nur noch fünf Minuten bis

Kassel. Wir gehen jetzt einfach bis ganz ans Ende des Zuges, dann steigen wir aus und nehmen den nächsten.«

Martha zog verächtlich die Nase hoch. »Wenn die merken, dass wir weg sind, dann wissen die doch sofort, was los ist! Die geben das hundertpro der Zentrale durch, und die melden das an alle Kontrolleure in ICEs Richtung Basel.«

»Meinst du wirklich?«

»Ich würde das jedenfalls so machen.« Martha drängte mich vorwärts. »Wir müssen uns was anderes ausdenken. Aber erst mal raus hier.«

Ich schluckte und trat in den Speisewagen. Mit gesenktem Blick ging ich an dem Tresen vorbei und dann weiter durch das Stück mit den roten Lederbänken und Tischen. Als ich mich gerade in der Mitte des Waggons befand, fuhren wir über eine Weiche, es wackelte, ich schwankte und wäre beinahe gegen einen Tisch gefallen. Die Leute sahen auf. Martha gab mir einen kleinen Stoß, und wir eilten weiter, durch die Glastür in die erste Klasse. Draußen sah man Häuser und Lärmschutzwände. Rechts und links verliefen nun mehrere Schienenstränge. Das bedeutete, dass wir schon sehr nah am Bahnhof waren. Hoffentlich kam uns die misstrauische Frau nicht hinterhergerannt oder der Schaffner, den sie informiert hatte! Wir durchquerten noch einen weiteren Wagen, und dann war Ende. Der Zug hörte auf. Jetzt kam die Durchsage: »In wenigen Minuten erreichen wir

Kassel-Wilhelmshöhe. Ausstieg in Fahrtrichtung links. Alle Anschlusszüge werden erreicht.« Und dann das Ganze noch einmal auf Englisch. Mit klopfendem Herzen drehte ich mich um und sah in das Großraumabteil hinter uns. Ein paar Fahrgäste waren aufgestanden, jetzt zogen sie ihre Jacken über und hoben die Koffer aus der Ablage. Da sah ich ganz hinten, durch die Glastür, einen Schaffner in blauer Uniform den Wagen betreten. Gleichzeitig wurde der Zug langsamer. Nun drehte ein älterer Mann den Kopf, entdeckte den Uniformierten und fragte etwas. Für einen Moment blieb er stehen und war abgelenkt. Durch das Fenster sah ich zwischen dem Nachbargleis und unserem eine schmale Betonfläche, dann fuhren wir durch ein kurzes Tunnelstück, und dann begann endlich der Bahnsteig. In dem Moment schob sich der Schaffner an dem Alten vorbei und kam weiter auf uns zu.

»Gleich haben wir es geschafft«, flüsterte Martha und hippelte von einem Bein aufs andere. Die Bremsen quietschten. Jetzt stand eine Frau mit Aktenköfferchen auf und schlängelte sich vor dem Schaffner in den Gang. Der Zug wurde noch langsamer, man konnte schon die Wartenden auf dem Bahnsteig zählen, dann gab es einen kleinen Ruck, und der Zug hielt. Ich drückte den grünen Türöffner-Knopf. Doch da passierte nichts! Noch mal. Der Schaffner kam näher. Jetzt wurde ich panisch. Ich hämmerte auf das runde Ding ein. Da endlich gab es ein

Zischgeräusch, und die Tür schob sich langsam zur Seite. Wir sprangen auf den Bahnsteig und rannten so schnell wir konnten auf eine lange Rampe zu, die schräg nach oben zu der Bahnhofshalle mit den Läden führte. Wir sausten an den Leuten mit ihren schweren Koffern vorbei, pesten zwischen dem Infostand und einem Bäcker hindurch – und dann standen wir auf einem überdachten Platz mit einer Straßenbahnhaltestelle.

»Und jetzt?«, fragte ich atemlos.

9

Die Lage war vertrackt: Blöderweise hatten wir dieser Frau erzählt, dass wir nach Basel wollten. Außerdem hatte auch der Schaffner unsere Fahrkarten gesehen. Mama wusste schon seit einer Stunde, dass ich nicht in der Schule war. Irgendwann würden sie uns suchen, und bei der Deutschen Bahn wusste man, dass ein Junge und ein Mädchen im Riesenringelpulli wohl ohne Erlaubnis ihrer Eltern auf dem Weg in die Schweiz waren. Damit war die Sache klar.

»Gibt es noch einen anderen Weg nach Rom, ich meine, nicht über Basel und die Schweiz?«, fragte ich Martha und blinzelte in die Sonne. Sie zog ihr Handy aus der Tasche und gab in den Routenplaner **Kassel – Rom** ein. Mit öffentlichen Verkehrsmitteln. Mehrere Linien erschienen auf dem Display.

»Yeah!«, rief sie. »Man kann auch über München und durch Österreich nach Rom reisen!«

Ich atmete auf. Das war super, denn auf dieser Strecke würde uns erst einmal niemand suchen, da alle dachten, dass wir nach Basel wollten! Und das lag nun mal zum Glück viel weiter links auf der Karte als München!

Martha ging auf die Internetseite der Bahn und gab **Kassel – München** und **nur Nahverkehr** ein. »In Bummelzügen fallen zwei Elfjährige mit Rucksack nämlich nicht so auf«, erklärte sie. »Damit fahren ja auch andere Kinder allein zum Fußball oder zum Geigenunterricht.« Dann stöhnte sie. »Oh, boah, mit Bummelzügen dauert es bis nach München über sieben Stunden!«

»Macht doch nichts«, sagte ich, denn irgendwie hatte ich es nicht eilig – obwohl mir klar war, dass Mama und Papa sich bestimmt noch mehr Sorgen machten, als sie es sowieso schon taten. Außerdem konnte so eine blöde Lungenentzündung jederzeit bei Julius auftauchen ... Aber wenn ich an den ganzen schlimmen Streit und die schreckliche Angst dachte, dann zog mich ehrlich gesagt nichts so schnell nach Hause. Dann war ich froh, weit, weit weg zu sein.

Martha stupste mich in die Seite. »Du, besser, wir kaufen ab jetzt immer nur Fahrkarten für das nächste Streckenstück. So kriegt keiner raus, wo wir wirklich hinwollen.«

Ich nickte. Auf keinen Fall durften wir uns noch einmal verraten. So viele Wege führten schließlich auch nicht nach Rom.

Wir atmeten noch einmal ordentlich durch, dann näherten wir uns vorsichtig dem Bahnhofsgebäude. Durch die Glasscheiben sahen wir den roten Fahrkartenautomaten – der sich genau gegenüber dem Informationsstand mit den Bahnmitarbeitern befand.

»Muss dieses Mistding ausgerechnet vor den Bahnhofs-Sheriffs stehen?!«, fluchte Martha.

»Glaubst du, die wissen alle schon Bescheid?«, fragte ich leise – obwohl es überhaupt keinen Grund für Flüsterton gab.

Martha zuckte mit den Schultern. »Keine Ahnung – aber vielleicht hat das ganze Team schon eine Suchmeldung auf dem Handy?!«

Da sah ich zwanzig Meter entfernt einen Mann mit einem Koffer zielstrebig auf das Gebäude zugehen. »Hey! Da ist noch ein Eingang! Los, vielleicht steht da auch ein Automat?«

Wir hatten Glück: Gleich neben der Treppe zu Gleis 7 und 8 befand sich ein weiterer roter Fahrkartenkasten. Mein Herz klopfte wie wild, als ich hinter Martha durch die Bahnhofshalle marschierte. Ich hatte das Gefühl, dass uns alle beobachteten und jeden Moment ein Uniformierter mir die Hand auf die Schulter legen und ›Das war's dann wohl, Freundchen‹ sagen würde. Mit zittrigen Fingern tippte Martha unser nächstes Ziel, *Friedberg,* in die Tastatur und zischelte: »Los, gib mal dein Geld.«

Ich war so nervös, dass ich mein Portemonnaie fallen ließ. Eilig bückte ich mich, kramte zwei Zwanzigeuroscheine hervor und reichte sie ihr.

»Braucht ihr Hilfe?«

Erschrocken fuhr ich herum. Vor mir stand ein Junge in zerrissenen Jeans und schob lässig sein Käppi zurück. Stumm schüttelte ich den Kopf.

»Na, dann macht hin. Ich habe keinen Bock, meinen Zug zu verpassen!«

Im selben Moment sagte Martha: »Fertig.«

Sie zog die Karten aus dem Ausgabefach, und dann rannten wir los. Wir sausten die Treppen zu Gleis 7 hinunter und sprangen in den Regional-Express.

Der Zug war ziemlich leer. Nur vereinzelt saßen Leute auf den harten Sitzen, telefonierten, lasen Zeitung oder guckten dumpf vor sich hin. Niemand schien sich sonderlich für uns zu interessieren. Schweigend setzten wir uns einander gegenüber an einen Dreierplatz und starrten aus dem Fenster. Obwohl ich auf dem Bahnsteig weit und breit keinen verdächtigen Schaffner oder Bahnangestellten sehen konnte, waren meine Oberschenkelmuskeln so fest angespannt, dass meine Füße über dem Boden schwebten. Ich fühlte mich wie in einem Gruselfilm, bei so einer superspannenden Stelle, wenn man weiß, dass hinter irgendeiner Ecke das Monster lauert und jede Sekunde hervorspringen kann. Der Minutenzeiger der Uhr am Bahnsteig stand immer noch auf einer Minute vor Abfahrt. Martha pustete lange aus. Gemächlich zockelte der rote Sekundenzeiger von Strich zu Strich. Vor der Zwölf verharrte er. Martha trippelte mit ihren Füßen auf der Stelle, da endlich ging ein Zittern durch den langen, schwarzen Minutenstab – und zusammen mit dem Sekundenzeiger sprang er um. Wir hörten einen Pfiff, die Türen machten das Fiep-Fiep-Geräusch und schlossen sich. Mit einem Ruck setzte sich der Zug in Bewegung. Langsam rollten wir an den mächtigen Betonpfeilern vorbei und ließen Wartende, Abfahrpläne und Mülleimer hinter uns. Ich sackte auf meinem Sitz zusammen. Endlich weg aus Kassel. Als ich mich zu Martha drehte, sah sie mich aus schmalen Augen an.

»Was?!«, fragte ich.

»Ich wollte dich das schon immer mal fragen: Wächst man noch, wenn man im Wachkoma liegt?«

»Klar«, sagte ich. »Julius brauchte seit dem Unfall zwei Mal neue Jogginghosen, weil sie zu kurz geworden sind.«

»Vielleicht waren sie eingelaufen?«

»Quatsch – doch nicht zwei Größen!«

»Und sind alle Wachkoma-Leute so wie dein Bruder? Ich meine, ist das immer gleich, so wie Keuchhusten oder Windpocken?«

Ich überlegte. Mir fiel ehrlich gesagt überhaupt kein einziger Wachkoma-Fall ein, der Julius auch nur ansatzweise ähnelte. »Nee. Es gibt da zwar so eine Einteilung, die heißt Glasgow-Skala«, erklärte ich fachmännisch. »Aber auch die Patienten mit derselben Punktzahl wie

Julius, also ganz unten auf dieser Skala, bei total **reaktionslos,** sind alle irgendwie anders.«

»Wie anders?«, bohrte Martha weiter.

»Ist das jetzt wichtig?«, pampte ich sie an, denn plötzlich fiel mir René ein, Julius' Zimmernachbar in der Reha. Obwohl er bei seiner Einlieferung auch total **reaktionslos** gewesen war, hatte der wieder angefangen zu schlucken. Und dann hatte er sogar den Kopf gedreht. Für Papa war das der Beweis gewesen, dass alles möglich war, während Mama leise gefragt hatte: Und warum Julius nicht?

Ich vermutete, dass Mama glaubte, es gäbe so eine Art Kuchen unter den Wachkoma-Patienten, und die Stücke wurden einfach ungerecht aufgeteilt. Und für einige, wie eben Julius, blieb am Schluss nichts mehr übrig.

»Also ziemlich unterschiedlich«, riss mich Martha aus meinen Gedanken. Irgendwie machte mich das jetzt wütend. Sie sollte bloß nicht so tun, als wüsste sie immer über alles Bescheid!

»Mal 'ne Frage an dich«, sagte ich, und meine Stimme hatte einen fiesen Unterton. »Was willst *du* den Papst eigentlich fragen, mmh?«

Für eine Millisekunde entglitt Martha der coole Gesichtsausdruck, dann hatte sie sich wieder gefangen. »Na, warum der liebe Gott, wenn er doch so lieb sein soll, so linke Sachen macht wie mit deinem Bruder?«

Ich schüttelte langsam den Kopf. »Nee, das glaube ich

nicht. Deine Frage hattest du schon vorher. Und sie hat ganz allein nur mit dir zu tun.«

Martha starrte mich einen langen Moment an, dann lehnte sie sich zurück. »Okay, Spielchen. Jeder immer eine Frage. Wenn du mir meine beantwortest, gebe ich dir auch eine Antwort auf deine. Also: Wie verschieden sind Wachkoma-Leute?«

»Gut, einverstanden«, sagte ich und holte Luft. »Also ... manche Patienten sind zehn Jahre total reaktionslos, da kommt gar nichts, und dann sterben sie einfach. Andere werden nach fünf Jahren ein bisschen wach, und ab und zu hat man das Gefühl, dass sie einen angucken. Es hat aber auch Fälle gegeben, die nach drei Jahren totalem Wachkoma plötzlich wieder gesprochen haben. In Mamas Selbsthilfegruppe war eine Frau mit so einem Wachkoma-Mann. Der hat eines Tages völlig überraschend gesagt: *Ich muss mal aufs Klo*. Nachdem er die ganze Zeit wie tot dagelegen hatte!«

»Krass«, stieß Martha aus.

Ich zuckte mit den Schultern. »Na ja, dafür hatte er komplett vergessen, dass er seine Frau liebt. Also, er wusste, dass er mit ihr verheiratet war – aber sie hat ihm nicht mehr bedeutet als die Krankenpfleger, die abwechselnd morgens zum Waschen kamen. Dass sie verheiratet waren, das war für ihn halt nur so eine Tatsache. So wie *eins und eins macht zwei* oder *Rom ist die Hauptstadt von Italien.*«

»Das ist echt megakrass!«, rief Martha. »Mann, und sie hat den Kerl die ganze Zeit gepflegt! Den würde ich ja so was von volle Lötung in den Hintern treten! ... Kann das eigentlich auch mit deinem Bruder passieren?«

Ich wusste nicht, warum, aber ich hatte wirklich noch nie darüber nachgedacht. Natürlich konnte uns mit Julius genau das Gleiche geschehen. Allein die Vorstellung tat so weh, dass ich Martha für ihre Frage am liebsten eine runtergehauen hätte. »Das ist ein Kack-Spiel«, fuhr ich sie an und drehte mich zum Fenster. Dann wurde mir schlecht. Was, wenn Julius wach werden würde und ich ihm tatsächlich vollkommen egal wäre?! Wenn er vergessen hätte, wie sehr er mich mag?! Und ich ihn! Wenn er mich nie mehr seinen kleinen Lieblingsbruder nennen würde?! Wenn er uns plötzlich wie Fremde behandeln würde und wir ihm total absolut egal wären?! Mir wurde eng im Hals. Darauf hatten wir doch nicht gewartet! Dafür hatten wir doch nicht Klangschalen geschlagen und Physiotherapie gemacht! Das Wohnzimmer umgebaut und Stunden mit dem verdammten Liegend-Rollstuhl gekämpft!

»Der Mann kann ja nichts dafür«, sagte Martha da. »Für ihn ist das sicherlich auch total blöd, wenn seine Frau immer beleidigt ist, nur weil er nicht romantisch Händchen halten oder küssen will.«

Ich sagte nichts.

»Dem fehlt doch einfach ein Stück Gehirn. Und dass

es ausgerechnet das **Ich-hab-dich-lieb-Stück** ist – das hat er sich ja nicht ausgesucht. Oder?«

Ich nickte stumm. Aber Marthas Erklärung machte es auch nicht besser. Nichts konnte diese gruselige Vorstellung besser machen. Überhaupt nichts und niemand. Ich schloss die Augen und wünschte, dass der Gedanke wieder verschwinden würde. Aber das tat er nicht. Er hatte sich tief in mein Gehirn gebohrt, und da rumorte er jetzt.

»Ich will den Papst fragen, warum Gott – wenn er doch so lieb ist – mir einfach das Beste und Wichtigste, was ich jemals hatte, weggenommen hat«, sagte Martha plötzlich. »Bela? Hast du mir zugehört?! Darum will ich nach Rom.«

»Schon gut«, sagte ich. »Dieses Fragespiel ist blöd. Lassen wir es einfach.«

Martha nickte, kramte in ihrem Rucksack und zog eine Brotdose heraus. Sie teilte die Apfelspalten darin genau auf, zog in der Mitte eine kleine Trennlinie und hielt mir die Box hin. Ich nahm zwei Stücke, und dann sagten wir erst einmal nichts.

Als ich das nächste Mal aus dem Fenster guckte, hielt unser Zug gerade an einem Bahnhof, der Stadtallendorf hieß. Dann kam Marburg. Die Stadt lag an einem steilen Hang, und bei der Einfahrt hatte ich oben auf dem Berg so eine Art Schloss entdeckt. Während des Halts am Bahnsteig quetschte ich mich ans Fenster, um noch mal einen Blick darauf zu erhaschen, denn es hatte irgendwie schön ausgesehen. Ich hörte den Pfiff zur Abfahrt, die Türen fiepten – und dann krachte es. Ich riss den Kopf herum. Durch die fast geschlossenen Zugtüren sprang ein Mann, mit vorgestrecktem Bein, wie bei einem Karatesprung. Ich fuhr erschrocken zusammen, und Martha warf mir einen alarmierten Blick zu. Schwer atmend blieb der Mann im Eingangsbereich vor der Tür stehen und schaute sich suchend um. Dann ging er zielstrebig auf uns zu. Schnaufend ließ er sich auf den Platz neben Martha fallen. Ich erstarrte.

10

Der Mann in dem dunkelblauen Anzug sah aus wie ein Geheimagent, und sein Sprung durch die Tür war echt stuntmanmäßig gewesen. Wieso setzte er sich zu uns? Was wollte er ausgerechnet an unserem Dreierplatz? Suchte er uns? Der Mann atmete noch einmal aus, dann lächelte er uns zu. Das Lächeln wirkte eingeübt. Aus den Augenwinkeln beobachtete ich, wie er mit konzentrierten Bewegungen seinen Aktenkoffer öffnete, ein Laptop herauszog, den Koffer wieder schloss und den Computer oben auf den Deckel stellte. Dann begann er zu tippen. Martha schielte zur Seite und versuchte, einen Blick auf den Bildschirm des Laptops zu erhaschen. Es schien interessant zu sein, jedenfalls las sie mit. Das konnte ich sehen, weil ihre Augen hin und her gingen. Für diese Minibewegungen hatte ich ja einen geübten Blick. Ungeduldig trommelte ich mit den Fingern an die Scheibe. Martha sah auf und nickte mir zu. Mit den Lippen formte sie: Unser Mann!

Unser Mann?! Wie meinte sie das?!

Der Anzugträger sah auf.

»Was machen Sie da?«, fragte Martha, bevor er sich

beschweren konnte, dass sie in seinen Laptop starrte. Einen Moment war er total verdattert. »Was ich mache? Ich regele die Angelegenheiten meines Mandanten.«

»Was heißt das?«, bohrte Martha weiter.

»Interessiert dich das wirklich?«, fragte der Mann ungläubig.

»Ja, klar, sogar extrem«, antwortete Martha und sah ihn gespannt an.

»Also, ich erstelle ein Testament. Ein Papier, in dem festgelegt wird, was mit dem Besitz meines Mandanten nach seinem Tod passieren soll. Außerdem mache ich einen Entwurf für eine Verfügung, also, was geschehen soll, wenn mein Mandant dement wird oder wenn er einen schweren Schlaganfall bekommt – ob er dann wiederbelebt werden will, zum Beispiel.«

»Das habe ich mir gedacht.« Martha nickte zufrieden. »Dann können Sie uns auch helfen.«

Der Anwalt schien von Marthas Zielstrebigkeit etwas verwirrt. Er zog eine Visitenkarte aus der Tasche und hielt sie ihr hin.

»Mathias Wieland, Fachanwalt für Familienrecht und Erbrecht«, las Martha. »Sehr gut. Beraten Sie uns?«

Der Blick des Anwalts bekam jetzt etwas Forschendes. Er scannte Martha wie eine seltene Eidechse. Logisch, wer wunderte sich nicht, wenn ein zwölfjähriges Mädchen im Riesenringelpulli nach einer Anwaltsberatung fragte?

Martha lächelte milde. »Es ist ein sehr komplizierter Fall. Das mit dem Vorabbestimmen ist da nämlich schiefgegangen. Es gibt keine Verfügung oder so einen Kram. Darum müssen wir das nachträglich machen. Geht das?«

Zu meiner Überraschung klappte der Anwalt sein Laptop zu. »Na, dann schieß mal los!«

»Erste Frage: Gibt es eine Regel, wenn jemand so gar nichts festgelegt oder gesagt hat, was passieren soll, wenn ... also wenn ... er einen schweren Unfall hatte, total fertig ist und dann wiederbelebt werden soll?«

»Oder einfach nur behandelt werden soll?«, fügte ich schnell hinzu.

Der Anwalt zog nachdenklich die Stirn in Falten. »Ihr meint so eine Regel wie *Im Zweifel für den Angeklagten*? Oder *Rechts vor links* im Straßenverkehr?«

»Ja, genau!«, ploppte es aus meinem Mund. »Genau so etwas suchen wir!«

Der Anwalt schüttelte den Kopf. »Nein, tut mir leid ... Das gibt es nicht.« Dann überlegte er. »Aber ... ich hatte mal einen Fall von einem älteren Herrn. Der war –« Er machte mit der Hand eine Kreisbewegung vor dem Kopf. »– total verwirrt, dement, da ging nichts mehr. Er erkannte keinen und wusste nicht mehr, wer er war. Aber sein Herz hatte die Kraft eines Jungbullen. Es schlug und schlug. Und da war nun die Frage, als er nicht mehr schlucken konnte – oder wollte, das wussten wir ja nicht so genau –, was tut man? Darf man ihn künstlich ernähren? Waren die Angehörigen dazu verpflichtet? Oder verstießen sie damit gegen seinen Willen?«

»Sie meinen eine Ernährung durch eine PEG-Magensonde?!«, hakte ich nach.

»Hey, du weißt ja Bescheid. Ja, genau, darum ging es.«

»Und dann?«, wollte Martha wissen.

»Wir haben eine Liste erstellt, was er wann zu wem gesagt hatte. Jede Äußerung von ihm zu lebensverlängernden Maßnahmen, Zwangsernährung, Therapien.«

»Und?«, fragte ich aufgeregt.

»Er hat uns die Entscheidung abgenommen. Er bekam eine schwere Harnwegsinfektion, dann ein multiples Organversagen und starb – bevor wir eine Entscheidung treffen mussten.«

»Mist«, seufzte ich.

»Tja, aber vielleicht macht ihr mal so eine Liste? Vielleicht überwiegen ja die Argumente auf der einen Seite? Außerdem kommt man manchmal schon zu einer Lösung, wenn man nur mal seine Gedanken sortiert.« Er packte sein Laptop ein und stand auf. »Ich muss jetzt leider aussteigen. Ihr habt ja meine Karte. Meldet euch, wenn ihr noch Fragen habt.«

Damit ging er zur Tür und stieg aus.

»Hat dein Bruder zu solchen Sachen mal irgendetwas gesagt?«, fragte Martha, noch bevor der Zug wieder anfuhr.

»Ja, schon.«

»Okay.« Sie kramte einen Schreibblock aus ihrem Rucksack. Mit einem orangefarbenen Filzer malte sie eine Tabelle auf eine leere Seite. »Was soll ich da drüberschreiben? Behandlung bei Lungenentzündung: ja / nein?«

Ich zuckte mit den Schultern, denn eine bessere Idee hatte ich auch nicht.

»Dann los. Also, was hat er gesagt?«

»Julius konnte es überhaupt nicht leiden, wenn irgendjemand über ihn bestimmen wollte. Das konnte er echt nicht ab. Das hat er immer wieder gesagt.«

Martha seufzte. »Wie link, dass dann ausgerechnet ihm so etwas passiert und alle mit ihm machen können, was sie wollen.«

Ich nickte.

Martha setzte den Stift an, aber dann hielt sie inne und sah fragend auf. »**Keiner soll über mich bestimmen** – in welche Spalte gehört das?«

»Ich glaube, das gehört zu **nein**, in die Keine-Behandlung-Spalte.«

»Weil er beenden will, dass andere über ihn bestimmen? Oder weil er genau das selbst bestimmen will?«

»Keine Ahnung.«

»Fällt dir vielleicht was Eindeutigeres ein?«

»Julius ist ein Kämpfer, sagt Papa. Das stimmt auch. Er fand, dass man nie aufgeben soll.«

Martha stöhnte. »Jetzt wird es echt richtig kompliziert. Ein Kämpfer, der jede Behandlung machen und unbedingt leben will? Oder ein Kämpfer, der bis zum Letzten durchkämpfen will, dass niemand über ihn bestimmt?«

Ich sah sie ratlos an, aber dann fiel mir noch etwas anderes ein: »Julius hat auch immer gesagt: **Man muss sich seinem Gegner stellen**. Das gilt im Basketball und für das ganze Leben. Das hat er gesagt.«

Jetzt sah Martha richtig verzweifelt aus. »Aber in diesem Fall kann der Gegner der Tod *oder* das Leben sein! Mann, das ist doch echt Kacke!«

»Das ist wohl das Problem«, sagte ich. »Man kann immer alles so oder so drehen.«

»Jedenfalls, wenn einer nicht total klar gesagt hat: Liege ich zufällig mal im Wachkoma, dann will ich auf gar keinen Fall Medikamente. Auch nicht bei Lungenentzündung.«

Ich nickte stumm und sah aus dem Fenster in die grüne, hügelige Landschaft.

… Und selbst dann …, dachte ich. Woher sollten wir wissen, ob Julius über all die Dinge heute nicht ganz anders urteilte als vor seinem Unfall? Vielleicht sah er die Welt nun ganz anders?! Denn wenn ein Ex-Wachkoma-Patient plötzlich seine Frau nicht mehr liebte, dann konnte er doch auch bei allem anderen seine Meinung geändert haben, oder? Und plötzlich, keine Ahnung, warum, fiel mir der blaue Teppich in meinem

Zimmer ein. Vor drei Jahren hatte ich unbedingt diesen knallblauen Teppichboden haben wollen. Ich fand ihn damals total cool und hatte im Laden wie ein Verrückter gequengelt. Heute ging mir das Blau ziemlich auf die Nerven, und ich hätte lieber einen grauen Boden gehabt, wie Julius in seinem Zimmer. Und so war es doch bei vielen Dingen: Man änderte ständig seine Meinung. Eben weil sich alles andere auch änderte: das Wetter, die Schule, das eigene Alter, die Gesundheit. Alles veränderte sich ständig. Zum Beispiel: In der Zeit v.J.U hatten wir uns über Dinge geärgert, die uns heute nicht mehr die Bohne interessierten. Wie die Sache mit dem Nachbarn links von uns, der einfach die Zweige unseres Apfelbaums abgeschnitten hatte. Papa war damals total ausgeflippt. Und heute? Wahrscheinlich hatte er im letzten Jahr nicht einen einzigen Blick in die Baumkrone geworfen. Mit Julius' Unfall war unsere Sicht auf die Dinge anders geworden. Und mit der Sicht hatten wir auch unsere Meinung geändert. Warum also sollte das für Julius anders sein als für uns? Je länger ich nachdachte, desto sicherer war ich mir, dass Julius heute komplett anders über Koma dachte als vorher. Also – *wenn* er dachte.

Ich drückte meinen Kopf gegen die Fensterscheibe. Das Glas war angenehm kühl, und es tat gut, sich einfach wo anlehnen zu können. Ich schloss die Augen und fragte mich, ob es überhaupt klug war, sich auf irgendetwas festzulegen, was in der Zukunft lag? Erst recht, wenn dann alles unter ganz anderen Umständen passierte? So anders, wie man es sich vorher nicht mal hätte ausdenken können?! Wer wusste schon, was in der nächsten Sekunde geschehen würde?!

Ich drehte mich zu Martha und sagte: »Ich glaube, diese ganzen Verfügungen sind Schwachsinn.«

Martha nickte. »Wahrscheinlich hast du recht. Ich kann mir auch nicht vorstellen, wie man sich so fühlt im Wachkoma.« Sie klappte den Block zu. »Ich konnte mir ja nicht mal vorstellen, wie es ist, in Hannover zu wohnen. Bevor wir umgezogen sind, fand ich es superblöd, aber inzwischen habe ich mich eingewöhnt und finde es absolut okay.«

Ich fuhr mir müde über das Gesicht und sagte einfach nur so dahin: »Ja, vielleicht gewöhnt man sich einfach an alles ...«

»Nein!«, sagte Martha da ziemlich entschlossen. »An alles gewöhnt man sich nie.«

Sie steckte den Block in den Rucksack. »Aber diese Liste hier, die macht alles nur noch komplizierter. Damit bringen wir noch den Papst durcheinander.«

Ich schüttelte heftig den Kopf: »Das darf auf keinen Fall passieren!« Schließlich brauchte ich eine klare, eindeutige Antwort vom Papst. Wie sollte ich sonst meine Familie vor dem Auseinanderbrechen retten?

11

In Friedberg stiegen wir um und fuhren weiter nach Hanau. Von Hanau ging es dann nach Würzburg und von da aus nach Nürnberg. Nach dem vierten Umsteigen hatten wir auch nicht mehr so eine Panik, dass uns jemand verfolgte oder auflauerte. »Hier guckt kein Mensch nach uns«, stellte Martha zufrieden fest, als wir an dem riesigen Bahnhof in Nürnberg ausstiegen. Es gab sechsundzwanzig Gleise, und man konnte durch mehrere unterirdische Gänge von den Bahnsteigen zur Haupthalle gelangen und zurück. Und in der Haupthalle gab es dann auch noch mal verschiedene Bereiche. Oben, unten, verschlaufte Fresszeilen mit Unmengen von Ständen. Ich wollte sofort zu unserem nächsten Gleis, weil ich fürchtete, in dem ganzen Wirrwarr unseren nächsten Zug zu verpassen!

»Quatschkram. Die Zeit reicht locker für einen Döner«, bestimmte Martha und zog mich zu einem Stand, der *Istanbul* hieß. Wir kauften uns jeder einen Döner mit allem und zwei Soßen. Dann liefen wir zu unserem nächsten Gleis, setzten uns auf eine Wartebank und

aßen. Der Geschmack der Gewürze und des krossen Fleischs erinnerte mich an früher, an die Zeit v. J. U. Da waren wir am Wochenende öfter in einem Spaßbad schwimmen gegangen, und auf dem Nachhauseweg, wenn wir vom vielen Toben im Wasser so ein richtiges Hungerloch in der Magenkuhle spürten, hatte Papa an einem Dönerladen gehalten. Julius wollte grundsätzlich nur den weißen Kohlsalat, nie den lilafarbenen. Und dazu eine orange Soße, mit ganz viel Knoblauch. Ich wollte immer alles außer Peperoni. Wenn wir zu Hause ankamen, hatte Mama vor ihrem Gesicht gewedelt und gestöhnt: »Ihr stinkt so nach Knobi, dass ich gleich ohnmächtig werde.« Julius hatte dann immer extra noch einmal in ihre Richtung gepustet, und sie hatte eine Fratze gezogen, über die ich mich jedes Mal totgelacht hatte …

Ich schluckte den Fleischschnipsel in meinem Mund herunter und drehte mich zu Martha. »Sollten wir nicht vielleicht doch mal zu Hause Bescheid sagen, dass alles okay ist?«

Martha riss entgeistert die Augen auf. »Bist du irre? Die werden uns dann total nerven und keine Ruhe geben, bis sie wissen, wo wir sind! Dann kommen sie uns holen oder wollen, dass wir sofort zurück nach Hause fahren!«

»Das geht nicht!«

»Eben.«

Trotzdem hatte ich plötzlich ein megaschlechtes Gefühl. Ich hatte die ganze Zeit nicht auf mein Handy geguckt. Ehrlich gesagt, aus Angst vor Mamas Nachrichten. Aber alle SMS und Anrufe total zu ignorieren und nicht zu antworten, das fand ich irgendwie auch nicht fair. Ich meine, umgekehrt hätte ich das auch nicht gewollt. »Und wenn wir nur eine SMS schicken?«

Martha rollte mit den Augen. »Wenn du unbedingt willst, dann schreib an irgendeinen Freund, dass der deinen Eltern und meinem Vater Bescheid sagen soll. Dann wissen sie, dass alles in Ordnung ist, wir aber im Moment einfach nicht mit ihnen reden können.«

Die Idee war gut – nur: Ich hatte keinen Freund, den ich mal eben so anschreiben konnte. Selbst Simon und Ben würden ohne lange Erklärung nicht einfach meine Eltern beruhigen. Warum auch? Ich hatte mich ewig nicht bei ihnen gemeldet ... Aber dann fiel mir jemand ein, den alle in unserer Familie kannten, zu dem es immer Kontakt gegeben hatte und dem Mama und Papa glauben würden: Arne.

»Ich rufe Julius' besten Freund an«, sagte ich und holte mein Telefon raus. Auf meinem Display standen vierundsechzig Anrufe in Abwesenheit und achtzehn SMS. Ganz klar: Ich musste Arne sofort anrufen, bevor Mama total durchdrehte.

Arne klang ziemlich cool: »Häh, was soll ich?«

»Meinen Eltern sagen, dass es mir gut geht und alles okay ist. Auch mit Martha. Wir sind übermorgen wieder da.«

»Und wieso kannst du ihnen das nicht selber sagen?«

»Mann, Arne! Julius hat dir auch immer geholfen, jetzt kannst du mir doch auch mal einen Gefallen tun. Es geht nämlich um Julius.«

»Okay – ihr seid in zwei Tagen wieder da, und alles ist in Ordnung. Mach ich – obwohl das echt schräg ist. Und wo bist du?«

»Danke«, sagte ich und legte auf.

»Beruhigt?«, fragte Martha und stopfte ihre leere Dönertüte in den Mülleimer.

Ich nickte.

»Dann mach dein Handy jetzt aus. Die orten dich sonst noch damit.«

»Was?«

»Hast du das noch nie im Krimi gesehen? Über dein Handy kann man dich ganz leicht finden!«

»Und über deins nicht, oder was?«

»Noch nicht gemerkt? Ich mache meins jedes Mal aus, wenn ich es nicht benutze. Außerdem kriege ich keine Panik, wenn mein Vater mir drei SMS schickt.«

»Ist ja gut«, sagte ich und schaltete mein Handy aus.

Martha nickte zufrieden. »Okay. Dann müssen wir jetzt überlegen, wo wir in München übernachten. Wir brauchen ein Hotel.«

»Wir brauchen wahrscheinlich noch viele Hotels, wenn wir weiter in Bummelzügen unterwegs sind.«

»Eins nach dem anderen«, sagte Martha. »Jetzt ist erst mal München dran, denn da sitzen wir definitiv fest. Einen Nachtzug nach Österreich können wir nämlich vergessen. Da halten uns die Schaffner sofort auf und wollen wissen, warum wir allein unterwegs sind und wo wir hinwollen. Und dann ist Ende im Gelände.«

In dem Moment rollte unser Zug ein. In dem roten Regional-Express gab es oben und unten Sitzplätze. »Oben«, bestimmte ich, und wir setzten uns in eine Zweierreihe nebeneinander.

»Können wir nicht doch einfach irgendein Hotel buchen?«, fragte ich müde.

»Buchen schon – aber die werden uns beiden garantiert keine Schlüssel geben! Außerdem können wir im Internet nur mit Kreditkarte bezahlen, und mein Vater hat bestimmt längst gemerkt, dass die Karte weg ist. Die werden jetzt ganz genau gucken. Und wenn die spitzkriegen, dass wir in München ein Hotel gebucht haben – was glaubst du, wie lange es dauert, bis die auf der Matte stehen?!«

Irgendwie machte mir das jetzt Angst. Wie sollte das funktionieren? Wie wollten wir das alles bezahlen? »Mein Geld reicht doch bestimmt nicht noch für die ganzen Übernachtungen!«

Martha zuckte mit den Schultern. »Na ja, wahrscheinlich werden wir irgendwann ein bisschen improvisieren müssen. Auf jeden Fall wäre es gut, wenn wir sparen, wo wir nur können.«

Dann grübelten wir weiter. Wir rollten von einem Bahnhof zum anderen und fanden keine Lösung. Es war nicht einmal mehr eine Stunde bis München, der Regional-Express war gerade aus Ingolstadt rausgerumpelt, und ich blickte in ein Maisfeld, in dem mittendrin ein riesiger Strommast stand – da sprang Martha plötzlich auf. »Ich habe eine Idee!« Sie kramte ihr Handy aus dem Rucksack, stellte es an, tippte ein wenig herum und murmelte: »Isar-Klinik, Klinik für Kinder- und Jugendpsychiatrie ...«

»Was machst du da?«, fragte ich ungeduldig.

»Ich suche das größte Krankenhaus in der Nähe des Bahnhofs.«

Genervt fuhr ich sie an: »Wieso das denn jetzt?!«

Martha sah erstaunt auf. »Du warst doch auch viel in Krankenhäusern unterwegs, oder nicht?«

»Mehr in der Reha. Und davor immer auf der Intensivstation.«

»Ja, und schleichen sich da nachts keine Leute rein?«

»Was?! Nein, wieso denn? Die Intensivstation ist doch abgeschlossen!«

»Ach so. Aber normale Stationen sind nicht abgeschlossen. Kannst du mir glauben. Niemand kontrolliert die Leute, die da rein- und rausgehen.«

Das stimmte allerdings. Mich hatte nie jemand angesprochen, wenn ich mir am Klinikkiosk ein Eis gekauft hatte oder ein bisschen über das Gelände gestromert war.

»Na ja, und wenn einer fragt«, fuhr Martha fort, »dann sagst du ganz einfach: Ich muss in den dritten Stock, Station sieben, weil ich da meine Tante besuchen möchte.«

»Ja, klar«, sagte ich, verstand aber immer noch nicht, worauf Martha hinauswollte.

Martha schüttelte entnervt den Kopf, als wenn ich schwer von Kapee wäre. »Mann, es gibt in Krankenhäusern immer leere Zimmer. Und auf ganz vielen Stationen gibt es extra Zimmer, wo einfach die leeren Betten, die gerade keiner braucht, reingeschoben werden. Und dann gibt es auch noch das Bettenlager.«

Ich war fassungslos. »Du willst im Krankenhaus übernachten?! In einem freien Bett?! Auf irgendeiner Station?! Bist du verrückt? Wenn dann einer reinkommt! Da fliegen wir doch sofort auf!«

»Nun flipp mal nicht gleich aus. Das passiert gar nicht so un-oft, dass sich da Leute in freie Betten legen. Echt. Hab ich selbst mal gesehen. Und ein Pfleger hat mir dann erzählt, dass das immer wieder passiert. Die haben sogar schon Leute aus besetzten Betten gezogen! Die haben sich einfach zu den Patienten dazugelegt!«

Ich schüttelte vehement den Kopf. »Du spinnst wohl! Das mache ich niemals!«

»Oh Mann, ich hätte nicht gedacht, dass du so eine

Heulsuse bist. Aber gut, dann gehen wir ganz entspannt ins Bettenlager. Nachts holt da sowieso keiner was raus.«

»Bettenlager?«

»Ja, in jeder Klinik gibt es ein Bettenlager. Meist im Keller. Irgendwo müssen sie die frisch bezogenen Dinger nach der Reinigung ja hinstellen.« Sie tippte wieder in ihrem Handy herum. »Ich guck mir jetzt mal die Pläne der verschiedenen Krankenhäuser an, und dann suchen wir uns ein schön großes, unpersönliches aus. Oder hast du eine bessere Idee?!«

Martha funkelte mich an, und leider fiel mir überhaupt keine andere Lösung ein.

»Gut.« Sie klickte eine Seite an und hielt mir ihr Handy unter die Nase: »Hier, Uniklinik, Riesending – und vom Bahnhof in maximal fünfzehn Minuten zu Fuß zu erreichen. Perfekt.«

Ich starrte auf einen bunten Lageplan mit mehreren Häusern. Mir wurde heiß und kalt. Einerseits war ich hundemüde, und mit den ganzen Fahrkarten hatten wir schon ziemlich viel Geld verbraucht. Andererseits: Mit Martha in ihrem Riesenringelpulli in einem fremden Krankenhausbett erwischt zu werden – ich meine, wer hielt mich da nicht für total durchgeknallt! »Auf deine Verantwortung«, sagte ich wütend und sah mich schon von Pflegern in eine Zwangsjacke gestopft, während eine Krankenschwester die Polizei rief.

12

Es nieselte leicht, als wir um 18.57 Uhr in München ankamen. Die Bahnhofshalle war monstergroß. Da hätten Flugzeuge reingepasst! Und anders als in den ganzen anderen Bahnhöfen endeten hier, unter dem gewölbten Dach, die Gleise an dicken Eisenpuffern. Es war wahnsinnig voll und wuselig. Ich fühlte mich unwohl. Irgendwie lungerten hier viel zu viele Leute rum, die gar nicht so aussahen, als wollten sie irgendwohin. Martha hatte in den Routenplaner ihres Handys den Weg zum Uni-Klinikum eingegeben. Wir hatten gründlich überlegt: Über so lange Zeit das Handy anzulassen, war natürlich ein supergroßes Risiko. Da konnten wir ziemlich leicht geortet werden. Aber am Ende hatten wir beschlossen, dass es noch viel riskanter wäre, wenn wir dauernd Leute nach dem Weg fragen müssten.

Mit dem Handy in der Hand steuerte Martha auf den Seitenausgang zu. Die Treppe hinter der Tür war schmuddelig, und es roch widerlich nach Pisse. Ich wollte so schnell wie möglich weg hier und rannte einfach auf die nächste Ampel zu.

»Jetzt werd doch nicht so hektisch«, schimpfte Martha und zeigte vage nach schräg links. »Wir müssen in die Richtung.«

Wir überquerten die Ampel und bogen in eine Straße mit Handyshops und Läden, die mit Neonschrift an der Scheibe warben, dass man für einen Euro in die ganze Welt telefonieren konnte. Alles war zu laut, zu grell, zu voll. Ich fand es ekelig hier. An der nächsten Ampel stellte sich plötzlich ein Mann neben mich. Unnötig dicht. Ich schielte aus den Augenwinkeln. Der Mann trug einen Anzug und roch komisch. Irgendwie muffig und gleichzeitig nach einem strengen Deo oder Parfüm. Mein Blick fiel auf seine Schuhe. Sie glänzten, aber an der Seite löste sich das Leder von der Sohle. Mir fiel ein, was Oma immer sagte: ›Am Schuhwerk erkennst du den Menschen.‹ Wenn das so war, dachte ich, dann sollten wir um den hier auf jeden Fall einen großen Bogen machen. Da sprang die Fußgängerampel auf Grün.

Nebeneinander liefen Martha und ich eine schnurgerade Straße mit Hotels und türkischen und afrikanischen Läden hinunter. Auf dem Bürgersteig standen Leute und rauchten. Wir mussten uns immer wieder durch eine kleine Menschentraube hindurchwuseln. Nach etwa zweihundert Metern drehte ich mich um. Der komische Mann im Anzug war immer noch hinter uns. Und er guckte mir genau in die Augen.

»Lass uns mal irgendwo reingehen und was kaufen«, zischelte ich Martha zu.

Sie rollte mit den Augen. »Ich denke, wir wollen sparen?«

»Es kann auch was ganz Billiges sein. Eine Flasche Wasser oder so.« Bevor sie etwas erwidern konnte, schob ich sie einfach in ein neonbeleuchtetes türkisches Gemüsegeschäft. In dem Laden standen mehrere Männer vor einem Tresen mit Oliven und Schafskäse und diskutierten wild auf Türkisch. Dazu lief megalaut ein Radio. Schnell schob ich Martha hinter ein Regal und spähte um die Ecke durch das große Schaufenster.

»Spinnst du jetzt vollkommen?«, fragte Martha.

»Da verfolgt uns einer«, flüsterte ich. »Schon seit dem Bahnhof.«

Martha stützte die Arme in die Seite und baute sich neben dem Regal auf. »Wo?«

Der komische Mann war nirgends zu sehen. »Jetzt ist er weg. Vielleicht haben wir ihn abgeschüttelt?«

»Dann komm, los«, drängte Martha. »Es wird immer später.«

»Warte –« Ich nahm eine Flasche Wasser aus dem großen Kühlschrank und ging zur Theke. Irgendwie wäre es mir peinlich gewesen, ohne etwas zu kaufen aus dem Laden zu gehen. Ich legte zwei Euro auf die Vitrine, und der Mann dahinter reichte mir, ohne seinen Wortschwall zu unterbrechen, fünfzig Cent zurück.

Dann folgte ich Martha auf die Straße und sah mich um. Der Mann war tatsächlich weg.

»Alles in Ordnung?«, fragte Martha.

Ich nickte erleichtert. Sie warf einen kurzen Blick auf ihr Handy und marschierte wieder los. Die Straße wurde nun langsam leerer. Es gab auch kaum noch Geschäfte, und als wir das nächste Mal abbogen, wurde es ganz ruhig. Hier standen nur noch Wohn- oder Bürohäuser.

»Guck mal!« Martha zeigte auf einen Wegweiser, auf dem ein Dach über einem roten Kreuz zu sehen war. Das Zeichen für Krankenhaus. Im selben Moment prallte sie fast mit dem komischen Mann zusammen, der plötzlich aus einer Hofeinfahrt trat.

»Hoppla«, sagte er und stellte sich uns in den Weg.

Ich griff nach Marthas Hand. Wir standen wie erstarrt.

»Wo soll's denn hingehen?«, fragte er. In seinen Mundwinkeln klebte so ein gelber Schleim. Er machte einen Schritt vor und drängte uns ein Stück in das Tor, aus dem er gekommen war.

»Wir müssen da vorn ins Krankenhaus«, presste Martha hervor. »Unsere Eltern warten da. Bei unserer Tante.« Sie wollte mutig klingen, doch ihre Stimme zitterte verräterisch.

Der Mann grinste uns an und machte noch einen Schritt. Er stand jetzt so dicht vor uns, dass meine Nase fast sein speckiges Sakko berührte. Hilfe!, wollte ich schreien, aber irgendwie war mein Hals wie zugeschnürt. In dem Moment hielt auf der anderen Straßenseite ein Taxi. Der Fahrer stieg aus, und ich warf ihm einen flehenden Blick zu.

»Komm«, rief Martha da und riss mich an dem komischen Mann vorbei. Dann fingen wir an zu rennen. Im Laufen sah ich mich um. Der Taxifahrer schaute uns irritiert nach. Und der komische Mann ging sehr langsam weiter, in unsere Richtung.

»Ist es noch weit?«, keuchte ich.

»Gleich haben wir es geschafft!!«

Wir sausten um die nächste Ecke, und da sahen wir auch schon den Eingang der Klinik. Es waren noch zweihundert Meter. Ich holte das Letzte aus mir raus und gab noch einmal richtig Gas. Wir überquerten die Straße, und dann kamen wir prustend auf der Treppe vorm Eingang zum Stehen. In der hell erleuchteten Halle mit dem Anmelde- und Infostand sahen wir Menschen. Wir waren in Sicherheit.

»Geschafft«, sagte Martha, als sie wieder einigermaßen normal atmete. »Wir gehen jetzt da rein und direkt, ohne Zögern, zum Fahrstuhl.«

Ich nickte stumm. In diesem Moment wäre ich Martha überallhin gefolgt. Wahrscheinlich hätte ich mich auch neben einen Patienten in ein Bett gelegt. Solange ich nur weg von der Straße mit dem komischen Mann kam.

»Wir müssen einfach ganz normal aussehen, Bela! Kriegst du das hin?« Sie sah mich besorgt an und strich mir meine Haare aus dem Gesicht. »Du bist immer noch ganz grün. Na komm, du musst jetzt einfach so tun, als wolltest du deinen Bruder besuchen. Der irre Typ ist weg, okay?«

»Okay«, antwortete ich.

»Gut.« Sie nickte noch einmal, und dann betraten wir das Krankenhaus. Mein Herz raste immer noch. Oder schon wieder. Ich hatte keine Ahnung, ob ich mich noch wie ein gejagtes Opfer fühlte oder schon wie ein krimineller Einbrecher. Dabei taten wir hier doch überhaupt nichts Verbotenes: Wir betraten ein öffentliches Krankenhaus. Das war erlaubt. Dafür musste ich mich nicht schlecht fühlen.

Martha ging zielstrebig auf die Reihe Fahrstühle zu und drückte den Knopf mit dem Abwärts-Pfeil. »Am besten, wir verziehen uns gleich in den Keller«, flüsterte sie. »Mit großer Wahrscheinlichkeit ist da das Bettenlager.«

Ein bisschen beruhigte sich mein Herzschlag. Denn auch bei längerem Nachdenken fiel mir nicht eine Situation in der Krankenhauszeit von Julius ein, wo mich irgendjemand auf einem Klinikflur aufgehalten hatte. Auch nicht, wenn ich allein unterwegs gewesen war. Alles war cool. Ganz cool.

Da öffneten sich die Türen des Fahrstuhls hinten links.

Mit großen Schritten, als wäre sie hier zu Hause, eilte Martha auf den Lift zu.

»Woher kennst du dich eigentlich in Krankenhäusern so gut aus?«, zischelte ich, doch sie antwortete nicht, sondern sagte nur: »Runter!«, und drückte den Knopf für das Kellergeschoss. Die Türen schlossen sich – aber plötzlich fuhr der Fahrstuhl nach oben!

»Mist!«, fluchte Martha. »Was soll das?!«

»Wir haben nicht auf die Lichtanzeige über der Tür geachtet«, jammerte ich. Da ruckte es auch schon, und die Kabine blieb wieder stehen. Die Türen schoben sich auf, und vor uns stand ein Mann im Bademantel mit seinem Infusionsständer. Plötzlich hatte ich wieder diesen Krankenhausgeruch in der Nase. Diese Mischung aus Desinfektionsmittel, Fußbodenreiniger und fauliger Krankheit. Verdammt, dachte ich. Dieser Geruch ist überall gleich. Wie die Neonbeleuchtung. Wie die müden, ausgezehrten Gesichter.

Der Mann sagte nichts, schlurfte herein und stellte sich neben uns. Kaum hatten sich die Türen geschlossen, nestelte er eine Packung Zigaretten aus der Tasche. Dabei hustete er so heftig, dass ich fürchtete, er könne gleich seine ganze Lunge ausspucken. Es klang echt furchtbar. Trotzdem war ich froh über seinen Hustenanfall. So hatte er nämlich keine Luft mehr übrig, um blöde Fragen zu stellen.

Im Erdgeschoss schleppte er sich aus dem Fahrstuhl, ohne uns auch noch einmal anzuschauen oder »Tschüss« zu sagen. Ich betete, dass jetzt bloß niemand Neues einstieg! Diesmal hatten wir Glück: Die Türen schlossen sich, und der Fahrstuhl fuhr mit uns allein nach unten. Auf der Lichtleiste leuchtete *Minus Eins* auf, und dann schoben sich die Metalltüren wieder auseinander. Martha streckte den Kopf aus der Kabine, sah nach rechts und links und trat in den Gang. Ich zögerte kurz und folgte ihr mit einem großen Schritt, als würde ich unbekanntes Feindesland betreten. Unwillkürlich zog ich die Schultern hoch und den Kopf ein. Direkt auf meiner Augenhöhe zeigte ein Pfeil mit dem Wort *Radiologie* nach links. Nach rechts gab es anscheinend nichts, was sich für einen Hinweis lohnte, obwohl der Gang ziemlich lang war. Martha zeigte auf ein paar Rollstühle, die in einer ordentlichen Reihe an der Wand standen.

»Das sieht doch schon mal ganz nach Lager aus, oder?«

»Ja«, flüsterte ich und folgte Martha den Gang hinunter. Es war totenstill, und ich fragte mich, wie es in einem riesigen Krankenhaus mit so vielen Menschen nur so leise sein konnte. Da wurde mir bewusst, dass ich auf Zehenspitzen ging – was ja totaler Blödsinn war: Denn wenn tatsächlich jemand um die Ecke kam, dann machte uns so etwas doch erst recht verdächtig! Plötzlich blieb Martha stehen, und ich rannte fast in sie hinein.

»Du machst mich ganz wuschig mit deinem Schiss«, fuhr sie mich an.

»Ich sag doch gar nichts!«

»Aber wie du das *machst*!« Sie packte mich an den Schultern und schüttelte mich. »Bela! Was kann uns Schlimmes passieren? Wir können erwischt werden, dann müssen wir lügen und sehen, dass wir schnell abhauen! Mehr nicht! Hier gibt es keine komischen Kerle. Und hiervon kriegen wir auch kein Wachkoma oder Krebs! Also beruhig dich!«

Ich nickte. Warum war ich da nicht selbst draufgekommen? Im Vergleich zu Wachkoma und Krebs war einfach alles nicht mehr so dramatisch: auch nicht fiese Kerle oder unerlaubtes Eindringen in Bettenlager. Wahrscheinlich war das Marthas Geheimnis: Sie verglich alles mit schlimmeren Dingen, und dann hatte sie keine Angst mehr. Oder auf jeden Fall weniger. Denn plötzlich fühlte auch ich mich cooler und in der Lage, die kleinen Schilder neben den Türen zu lesen. *Technik*, *Wäsche unrein*, und dann kam tatsächlich *Bettenlager*. Martha streckte mir den Daumen entgegen. Sie öffnete die Tür und trat in den Raum, der nur von einer kleinen Notleuchte neben dem Eingang erhellt wurde. Vor uns standen dicht an dicht etwa dreißig Betten. Martha knuffte mich in die Seite. »Da können wir ja jeder drei haben und uns quer legen!«

Ich rührte mich nicht. Niemals würde ich mich *in* eines dieser Betten legen. Nachher schob das irgendjemand in einen OP, und dann wurde mir ein Bein amputiert oder eine Niere entfernt! Oder beides!

Martha seufzte. »Ich seh schon. Du hast wieder Bedenken. Schnappen wir uns einfach ein paar Decken und legen uns hinten in die Ecke auf den Boden.«

»Das finde ich besser«, antwortete ich leise.

Wir krabbelten unter den Betten hindurch, bis ganz in die Ecke. Dann zogen wir von oben zwei Decken von den Matratzen herunter und kuschelten uns zusammen. Ich fühlte die Wolle von Marthas Ringelpulli und roch ganz schwach das Waschmittel. Irgendwas mit Blumen. Ich spürte jeden ihrer Atemzüge, wie sich ihr Brustkorb dehnte und wieder zusammenzog. So nah waren wir uns noch nie gewesen. Vor vierundzwanzig Stunden wäre ich hundertpro wie von der wilden Hummel gestochen zurückgeschreckt. Aber jetzt war ich einfach nur froh, dass sie da war. Wir waren haarscharf aus einer megagefährlichen Situation entkommen. Auch wenn ich immer noch nicht wusste, was dieser komische Kerl genau von uns gewollt hatte – aber es war bestimmt nichts Gutes gewesen. Ich schloss die Augen. Es war warm, leise und dunkel, und völlig erschöpft schlief ich ein.

In meinen Träumen rannte ich durch endlose Großraumabteile einer Regionalbahn. Der Zug fuhr, aber ich blieb immer auf der gleichen Stelle, weil ich dagegen anrannte. Ich sprang über Koffer, drängelte mich an Kinderwagen vorbei, Menschen schimpften, wenn ich sie anrempelte. Die Stimmen wurden immer deutlicher ... nein ... *eine* Stimme! Sie war ganz klar und nah und lag über dem Gerumpel des Zuges ... Ich riss die Augen auf. Es dauerte einen Moment, bis ich wieder wusste, dass ich auf dem Boden im Bettenlager des Uniklinikums München lag. Und noch mal so lang dauerte es, bis mir klar wurde, dass die Stimme hier war! Im Raum! Sie kam aus der Ecke neben der Tür! Ich reckte den Hals und spähte durch die Streben der Krankhausbetten. Im spärlichen Licht der Notbeleuchtung erkannte ich einen jungen Mann in einem blauen OP-Kittel. Er hockte auf dem Boden, an die Wand gelehnt, und telefonierte. Irgendwas schien ihn furchtbar aufzuregen.

»Natürlich kann das passieren! Aber es hätte *mir* nicht passieren dürfen! Verdammt noch mal, ja! Wir hätten vielleicht doch anders vorge –« Er unterbrach sich selbst und fuhr den Menschen, mit dem er telefonierte, heftig an: »Ich weiß selbst, dass irgendwann jedem mal was danebengeht. Aber nicht bei einem verdammten Blinddarm! Das ist ein Routineeingriff! ... Was? Nein! Da geht nichts mehr! Ausgeblutet, Sauerstoffmangel, verstehst du?! Das Hirn ist Matsch. Nur noch vegetative Funktionen! Und das muss ich jetzt ihrem Mann sagen!« Und nach einer kurzen Pause brüllte er: »Da gibt es keine

Wunder! Ihr Hirn ist auf dem Niveau einer Möhre! Hörst du?! MÖHRE! Das muss ich ihrem Mann sagen! Möchtest du vielleicht mit einer Möhre verheiratet sein?!«

Neben mir rumpelte etwas. »Häh ... was?«, fragte Martha schlaftrunken.

Ich hielt ihr schnell eine Hand vor den Mund.

»Warte mal –«, sagte der Mann im OP-Kittel plötzlich, und dann, lauter, in das Bettenlager hinein: »Ist da wer?«

Martha und ich hielten die Luft an.

»Sei mal still«, befahl er seinem Gesprächspartner. »Ich habe da eben was gehört ...«

Ich sah, wie er sich vorbeugte und zwischen den Gestängen der Betten hindurchlugte.

»... Nicht schon wieder irgend so ein Penner ... Ich glaube, ich informiere mal den Sicherheitsdienst ...«

Bevor ich etwas tun konnte, rief Martha laut: »Nein! Wir sind es! Alles okay!«

War sie komplett irre?! Hier kamen wir doch jetzt nie mehr raus! Der Typ in seinem OP-Kittel war sowieso schon schlecht gelaunt, und er saß neben der Tür. Selbst wenn wir an ihm vorbeikamen, würde uns der Sicherheitsdienst spätestens in der Eingangshalle abfangen. Zwangsjacke!, dachte ich nur.

Doch der Mann im OP-Kittel sagte ganz ruhig in sein Telefon: »Ich rufe gleich zurück.« Dann beendete er das Telefonat. Er drückte an seinem Handy die Taschenlampenfunktion und schwenkte den Lichtstrahl zwischen den Gestängen der Betten hindurch, bis er uns erfasst hatte. Beinahe erleichtert rief er: »Was macht ihr da? Kommt sofort da raus!«

»Los«, sagte Martha und kletterte zwischen den Streben hindurch auf ihn zu.

Es war sowieso alles zu spät. Also kraxelte ich hinter ihr her.

»Es ist halb vier morgens!«, sagte der Mann vorwurfsvoll. »Und wo sind eure Eltern?«

Er sah eigentlich ziemlich nett aus mit seinen freundlichen, braunen Augen und dem dunklen, lockigen Haar, das etwas unsortiert von seinem Kopf abstand.

»Unsere Eltern haben uns aus dem Zimmer geschickt«, log Martha. »Wir sollten auf dem Gang warten. Dann sind wir einfach losgegangen und haben uns ein bisschen umgeguckt.«

Der Mann lächelte müde. »Okay, aber jetzt müsst ihr hier raus. Hier unten darf sich niemand rumtreiben, klar? Das ist nur für Klinikpersonal. Außerdem suchen die euch bestimmt schon.«

»Nee, die rufen an. Und hier unten ist ja super Empfang«, sagte Martha. »Habe ich extra nachgeguckt.«

Er nickte.

Ich weiß nicht, warum, aber ich konnte einfach nicht anders, es fragte praktisch von allein aus mir heraus: »Kann das Gehirn von der Frau mit dem Blinddarm jetzt wirklich nicht mehr als eine Möhre?« So einen Vergleich hatte bei uns nämlich noch nie jemand gesagt: **Möhre**. Und ich konnte mir einfach nicht vorstellen, dass ein Gehirn so wenig wie eine Möhre funktionieren konnte, ohne komplett total tot zu sein. Denn **Möhre** – das war irgendwie noch einmal eine ganze Spur härter als **reaktionslos**. Und das war ja eigentlich schon ganz unten auf der Glasgow-Skala. Weniger ging nicht mehr. Sonst war man tot.

Der Mann schloss kurz die Augen. Ich glaube, er war zu erschöpft, um mir *nicht* zu antworten. »Ja«, sagte er. »Das geht. Leider. Vegetativer Zustand. Im Englischen sagt man dazu: **vegetative state**. Und weil es so ähnlich klingt wie *Vegetable* – das heißt auf Deutsch *Gemüse* –, sagen manche Gemüse dazu. Darum habe ich das mit der Möhre gesagt. Was nicht nett ist.«

»Aha. Also könnte ich auch, so zum Beispiel, Gurke sagen?!«, fragte Martha.

Er nickte. »Ja, du kannst auch eine Gurke zum Vergleich nehmen: Die wächst und reagiert auf Umwelteinflüsse – also man sieht, wenn sie zu wenig Wasser oder Licht bekommt. Wenn es zu kalt oder zu warm ist. Aber: Kannst du mit einer Gurke in Kontakt treten? Ist sie in der Lage, deine Liebe zu erwidern, wütend zu werden oder sich zu freuen? Kann sie dazulernen? Nein. So muss man sich den vegetativen Zustand eines Menschen vorstellen.« Er seufzte tief und drückte sich mit den Handballen gegen die Schläfen. »Aber so, verdammt noch mal, kann ich das natürlich nicht ihrem Mann sagen. Auch wenn es genau so ist.«

Ich spürte, wie ich zu zittern begann. So als wäre ich der Mann von der Möhren-Frau. »Aber ganz sicher weiß man das doch nie!«, rief ich. »Manchmal passiert doch noch was und –«

Er schüttelte den Kopf. »Nein, in diesem Fall nicht.«

Ich starrte ihn fassungslos an. »Aber neben diesem ganzen Möhren-Kram, neben dem Gehirn, da ... da ist ja auch noch die Seele! Ich meine, die gibt es doch auch noch. Die muss ja noch irgendwo sein, auch wenn das Gehirn – also, wenn das Gehirn Matsch ist. Oder Gurke.«

Er lächelte müde und sah mich traurig an. »Ja, das wär schön. Vielleicht sollte ich das ihrem Mann sagen ... auch wenn ich noch nie eine Seele gefunden habe, bei keinem der Menschen, die aufgeschnitten auf meinem OP-Tisch lagen ...« Dann sah er mir einen Moment in die Augen. Und wahrscheinlich sah ich so aufgelöst aus, dass er das Gefühl hatte, mir irgendetwas Nettes sagen zu müssen. Etwas Aufmunterndes, weil er bereute, mir, einem Kind, so etwas gesagt zu haben, denn plötzlich wechselte er den Tonfall und boxte mir kumpelhaft gegen die Schulter. »Weißt du, was die alten Griechen dachten? Die dachten, die Seele eines jeden Lebewesens sitzt in der Leber.«

»In der Leber?!«, rief Martha angeekelt. »Mir wird schlecht ... Geschmorte Leber ist das Lieblingsessen meines Vaters! Uääh, und ich darf gar nicht an die

Auslage beim Fleischer denken, diese Schalen voller Schweinelebern …«

»Und – ich glaube, das ist in der hebräischen Bibel –«, fuhr der Mann fort, »da hat man die Seele in der Kehle verortet.«

Ich nickte nur. Kehle, Leber. Mir war alles egal. Ich konnte nur *Gurke* denken. Immer wieder nur: *Gurke* oder *Möhre*.

»Und in der traditionellen chinesischen Medizin, da gibt es gleich fünf –« Plötzlich piepte es. »Oh, verdammt, ich muss in den OP – geht zurück zu euren Eltern, jetzt gleich, ja? Versprochen?«

»Versprochen«, sagte Martha, aber da war er schon im Laufschritt aus dem Raum geeilt.

Ich konnte mich nicht bewegen. Martha sah mich an, dann nahm sie meine Hände und drückte sie fest. »Komm, du hast doch selbst gesagt: Jedes kaputte Gehirn ist anders kaputt. Und selbst wenn das Gehirn von dieser Blinddarm-Frau eine Möhre ist – dann bedeutet das doch gar nichts für Julius!«

»Es ist nicht nur das«, sagte ich leise. »Er hat gesagt: So kann er das natürlich nie dem Mann dieser Frau sagen. Das bedeutet doch, dass uns vielleicht auch niemals irgendjemand ganz ehrlich gesagt hat, wie es ist? Vielleicht ist Julius' Gehirn auch eine Möhre oder Gurke – und nur wir hoffen weiter wie blöde? Vielleicht hat Dr. Ölschläger darum das mit der Lungenentzündung gesagt?«

Martha schüttelte den Kopf. »Quatsch! Die hätten Julius doch nicht zwei Jahre in die Reha geschickt, wenn sie gewusst hätten, dass er … also, Gurke oder Möhre, du weißt schon.«

»Sicher?«, fragte ich, und meine Stimme klang so flehend, dass es mich selbst erschreckte.

»Ganz sicher«, sagte Martha. »Spätestens in dem Moment, wo die Krankenkasse wieder neue Urinbeutel bezahlen musste, wäre das doch aufgeflogen! Oder glaubst du, die genehmigen einer Gurke auch nur einen einzigen Urinbeutel?!«

»Stimmt!« Ich atmete erleichtert auf. »Die kriegen ja auch die ganzen Arztberichte und wissen total Bescheid. Und denen redet auch garantiert niemand was schön.« Plötzlich fiel mir superüberrascht etwas auf: »Woher weißt du das überhaupt, mit den Urinbeuteln?«

Martha grinste. »Hör mal, dein Vater hat durch das ganze Haus gebrüllt!«

Nun musste ich auch lachen.

»Komm«, sagte Martha. »Die letzten zwei Stunden können wir uns doch in ein Bett legen, oder? Ganz hinten in der Ecke?«

Ich nickte, denn bis irgendwer an das Bett in der Ecke herankäme und uns aus Versehen in den OP schieben würde, müsste er zwanzig andere Betten wegräumen – und bis dahin wären wir längst wach.

13

Um sechs fiepte Marthas Handy. Wir kletterten über die Betten hinweg zur Tür und linsten auf den Gang. Hinten am Aufzug holte jemand einen Rollstuhl ab, und etwas weiter vorn schob eine Putzfrau gerade ihren Reinigungswagen aus einer Tür. »Komm«, sagte ich zu Martha und marschierte los. Ich fühlte mich ein bisschen wie ein Champion: Wir hatten die Nacht im Krankenhaus überstanden, und wir hatten den fiesen Kerl abgeschüttelt. Was konnte uns da jetzt noch groß passieren? Und das Komische war: Je selbstsicherer ich auf die entgegenkommenden Menschen zuging und freundlich ›Guten Morgen‹ wünschte, umso selbstverständlicher grüßten sie zurück. Ohne einen einzigen misstrauischen Blick fuhren wir im Fahrstuhl hinauf! Dann durchquerten wir lässig die Eingangshalle und standen auf der Straße.

Ich atmete tief ein. Die Luft roch sauber und frisch. Auf dem Asphalt hatten sich ein paar Pfützen gesammelt, es musste in der Nacht geregnet haben. Und in diesem Moment, wirklich zum ersten Mal, seit ich das

Sparschwein auf meinem Bett ausgeschüttet hatte, war ich sicher, dass wir es schaffen würden. Wir würden bis nach Rom kommen, und wir würden den Papst fragen. Und dann würde alles gut werden. Jedenfalls so gut, wie es mit einem Bruder im Wachkoma werden konnte.

Mit dem frühen Morgen schien das Leben in den Straßen zum Bahnhof wie ausgewechselt: Die grellen Neonlampen waren erloschen, die merkwürdigen Typen und rauchenden Menschentrauben verschwunden – stattdessen waren da Lieferwagen und Leute, die zur Arbeit gingen. Mit uns Richtung Bahnhof schlappten ein paar Krankenpfleger und Schwestern, erschöpft von der langen Nachtschicht. Bald brach die Sonne zwischen den Wolken hervor und schien warm auf uns herab. Schön war das Bahnhofsviertel immer noch nicht – aber es hatte nichts Beängstigendes mehr. Entspannt trabten wir zum Bahnhof. Dort kauften wir uns an einem Stand Croissants und warmen Kakao, und dann zogen wir uns an einem Automaten zwei Fahrkarten zu unserem nächsten Zwischenziel: Garmisch-Partenkirchen. Ich hatte den Namen längst vergessen, aber Martha hatte ihn zum Glück in ihrem Kopf gespeichert.

Der Regional-Express wartete schon am Gleis. Wir stiegen ein, setzten uns ans Fenster und frühstückten. Ich schaute hinaus. Der Münchner Bahnhof war wirklich hässlich und alt. Eben nicht so schön alt, mehr so fabrikhallenmäßig heruntergekommen. Als sich der Zug in Bewegung setzte, schloss ich die Augen und lauschte dem gleichmäßigen Rattern der Räder. Ab und zu hob ich die Lider, ließ Büsche und Bäume als verwischte, grüne Streifen an mir vorbeisausen oder las die komischen Namen der Städtchen, an denen wir hielten, Tutzing, Huglfing, Uffing, dann döste ich weiter. Irgendwann musste ich eingeschlafen sein, jedenfalls schreckte ich hoch, als Martha mich heftig am Arm rüttelte. »Hey, wir sind gleich da.«

Ich schaute auf, rieb mir die Augen und war kurz ein bisschen verwirrt. Klar hatte ich zwischen meinen Dösphasen weit hinten am Horizont ein paar Berge gesehen, aber irgendwie hatte ich überhaupt nicht mitbekommen, dass wir jetzt direkt an den Alpen waren! Hier sah es aus wie auf den Postkarten von Oma und Opa aus dem Skiurlaub! Oder wie im Heidi-Film! Riesige Berge ragten in den Himmel. Davor streckten sich hügelige, grüne Wiesen, die steilen Hänge waren mit Bäumen bewachsen – keine Ahnung, wie die da hielten. Und als wäre das nicht alles kitschig genug, stach auch noch so ein kleiner Kirchturm mit einem zwiebeligen Ende in die Luft! Ich hatte nicht gewusst, dass es das genau so in echt gab. Also irgendwie schon, aber als ich jetzt mittendrin in dieser Bergwelt saß, konnte ich es kaum glauben. »Wahnsinn!«, sagte ich und starrte auf die Gipfel, die an den Spitzen tatsächlich noch weiß und mit Schnee bedeckt waren.

»Los!«, drängte Martha, als der Zug langsamer wurde. »Wir haben nur acht Minuten zum Umsteigen.«

Wir folgten den Menschen, die in Garmisch den Zug verließen, zu einer Treppe, durch einen kleinen Tunnel und stiegen dann an unserem Abfahrtsgleis wieder hinauf. Gerade als wir oben ankamen, zog Martha mich plötzlich am Arm. »Oh neee!«, schimpfte sie leise. »Hier kommt doch gleich die Grenze nach Österreich, und auf unserer Vollmacht steht immer noch Basel und dass wir über die Grenze in die Schweiz dürfen!«

Genervt deutete ich zu zwei Schaffnern, die sich direkt vor den Wartebänken unterhielten. »Na super. *Hier* können wir auf gar keinen Fall eine neue schreiben.« Ich ärgerte mich. Gerade jetzt, wo alles so gut lief, hielt uns diese blöde Vollmacht auf!

In dem Moment rollte der Zug nach Innsbruck ein. Mit einem Seufzer schob Martha mich zurück zur Treppe. »Komm, dann nehmen wir halt den nächsten. Die fahren ständig. Macht nichts.«

Wir stapften die Treppe wieder runter und folgten dem Wegweiser zum Ausgang.

Das Bahnhofsgebäude war ein niedliches, rosarot gestrichenes Haus mit einem kleinen Uhrentürmchen auf dem Dach. Im rechten Teil gab es einen Hamburgerladen, in dem schon am frühen Morgen Schüler saßen, Burger reinschaufelten und die Hausaufgaben voneinander abschrieben. Das schien überall gleich zu sein.

»Hier fallen wir nicht auf«, stellte ich zufrieden fest.

Wir verkrümelten uns an einen Tisch ganz in der Ecke, und Martha zog ihren Block heraus, an dem immer noch die Seite mit der blöden Liste hing. Ich riss sie ab und zerknüllte sie. Dann schrieb ich in Mamas halb Druck-, halb Schreibschrift:

Hiermit bestätige ich, dass mein Sohn Bela – ich stockte. »Bis wo, also, bis zu welchem Bahnhof, soll ich denn schreiben?«

Martha überlegte. »Vielleicht erst einmal nur so, dass wir durch Österreich kommen, oder? Wie sollten unser echtes Ziel so nebulös wie möglich halten.«

»Nebulös – was ist das denn für ein Wort?«, fragte ich.

»Ist doch egal, kommt von meinem Vater – viel wichtiger ist: Wie heißt der letzte Bahnhof in Österreich, wo wir umsteigen müssen?« Martha trommelte nervös auf der weißen Tischplatte, dann ballte sie wütend die Faust. »Wir müssen das Handy noch mal anschalten und nachgucken ...« Sie holte das Telefon aus dem Rucksack und drückte widerwillig den Knopf. »Kacke, Kacke, Kacke«, fluchte sie dabei vor sich hin. »Wir müssen da langsam echt aufpassen – sonst kriegen die uns bald darüber.«

Das Display leuchtete auf, und sobald das Telefon Empfang hatte, blinkten auch schon zweistellige Zahlen bei SMS und WhatsApp auf. Marthas Vater drehte jetzt auch durch. Wir sahen uns an.

»Sollten wir nicht vielleicht doch mal nachgucken, was sie uns schreiben?«, fragte ich vorsichtig.

»Und dann?«, entgegnete Martha.

»Na ja, vielleicht bekommen wir ja so raus, wo und wie sie uns suchen?« Ich wusste natürlich selbst, dass das Blödsinn war, aber irgendwie schämte ich mich, dass wir die verzweifelten Nachrichten unserer Eltern nicht lasen, obwohl wir sie gesehen hatten. Und gleichzeitig war mir klar, dass uns jedes Wort von zu Hause nur verunsichern würde. Und dass Martha das ganz genau wusste. Aber diesen Gefühlsmischmasch wollte ich natürlich nicht vor ihr zugeben. Darum setzte ich sicherheitshalber noch nach: »Ich meine, dann könnten wir auch besser aufpassen – also, *wenn* sie uns suchen.«

»Na, darauf kannst du Gift nehmen!« Martha klickte ein wenig herum und sagte dann: »Notiere jetzt erst mal: Innsbruck und Brenner – da müssen wir die nächsten Male umsteigen. Und Brenner oder Brennero ist die letzte Station in Österreich, danach kommt Italien.« Ich notierte alles auf dem Block, dann sah ich auf.

Martha starrte nachdenklich auf ihr Handy. »Findest du wirklich, wir sollten das lesen, was sie uns schreiben? Ich meine – ich will keine traurigen oder superpanische Nachrichten lesen, verstehst du?«

Ich nickte.

Unvermittelt stand Martha auf. »Ich brauch jetzt mal 'ne Cola. Willst du auch eine?«

»Danke, nein.«

Nachdenklich ging Martha zum Tresen und gab ihre Bestellung auf. Jetzt fühlte ich mich wieder richtig schlecht, dabei hatte der Tag so gut angefangen! Mit dem Finger drehte ich das Handy, das mit der Anzeige zur Tischplatte lag, hin und her und überlegte. Okay, ich hatte Arne beauftragt, meinen Eltern zu sagen, dass alles gut ist. Aber ob Arne das wirklich weitergegeben hatte, wusste ich natürlich nicht. Obwohl er normalerweise ziemlich zuverlässig war. Aber vielleicht hatte er Mama und Papa nicht erreicht? Oder er dachte, das Ganze wäre nicht so wichtig, und hatte es noch gar nicht probiert? Oder er dachte, es wäre ein Scherz? Ich hatte am Ende ja einfach aufgelegt! Nun war ich ganz zerrissen. Noch mehr Sorgen wollte ich meinen Eltern wirklich nicht zumuten ... andererseits ...

Ich starrte auf Marthas Handy. Ich war kurz davor, es umzudrehen und die Nachrichten zu lesen. Doch dann ließ ich es. Wir konnten jetzt nicht aufgeben oder uns schnappen lassen. Oder uns zum Umkehren überreden lassen. Dann wäre alles umsonst gewesen. Der widerliche Kerl, die Nacht im Krankenhaus ... Wir mussten zum Papst! Ich brauchte seine Antwort. Das war die einzige Chance, meine Familie zu retten, da war ich ganz sicher. Denn auf ihn würden meine Eltern hören, und dann brauchten sie kein schlechtes Gewissen haben, egal wie die Entscheidung ausfiel. Denn sie kam dann ja vom Papst. Und wenn der nicht wusste, was in so einem Fall richtig oder falsch war – wer denn dann?! Ich ballte entschlossen die Fäuste. All das tat ich doch *für* unsere Familie!

Trotzdem wusste ich natürlich, dass kein normaler Erwachsener auch nur einen Funken Verständnis für unseren Plan hatte.

Und dann dachte ich: Es gab auch keinen Erwachsenen, der verstanden hatte, wie schlimm meine Angst war. Wie sehr ich fürchtete, dass meine Familie kaputtgehen könnte. Und dass die Frage, ob Julius behandelt werden sollte oder nicht, für mich genauso schrecklich war wie für meine Eltern. Schließlich war er mein Bruder! Damit hing ich genauso mit drin wie sie! Aber das interessierte anscheinend keinen. Sie ließen mich einfach außen vor, stritten und machten sich von morgens bis abends fertig – ohne ein Mal an mich zu denken!

Und da bekam ich Wut. Ich saß an dem Plastiktisch in diesem Burgerladen in Garmisch-Partenkirchen und bekam eine solche Wut, dass ich am liebsten das Handy gegen die Wand geschleudert hätte! In den ganzen zwei Jahren hatten sich meine Eltern nicht wirklich dafür interessiert, wie es mir ging und was ich über all das dachte! Gut, sie hatten mich zu einer Therapeutin geschickt. Und mit Oma und Opa in den Urlaub. Aber das war auch schön bequem. Wie das Fahrrad in die Werkstatt geben, weil man keine Lust hatte, den Reifen selbst zu flicken. Ich hatte meinen großen Bruder verloren! Jedenfalls so, wie er immer für mich gewesen war. Meine Eltern hatten sich zu den gleichen Zombies entwickelt wie die anderen Leute in der Reha. Und alles drehte sich nur noch um Wachkoma, Wachkoma, Wachkoma!

Mir ging es auch schlecht. Mindestens genauso schlecht wie ihnen. Aber das merkten sie anscheinend erst, wenn ich weg war!

Ich sah auf. Martha kam Cola schlürfend auf mich zu.

»Wir lesen die Nachrichten nicht!«, bestimmte ich. »Sie haben mich nie gefragt, was ich über eine Behandlung bei Lungenentzündung denke. Dann muss ich sie jetzt auch nicht fragen!«

»Sehr vernünftig«, lobte Martha, und ich spürte ihre Erleichterung, dass ich die Entscheidung getroffen hatte. »Also, schreib *Brenner* in die Vollmacht«, sagte sie. »Und dass wir da am Bahnhof von unserer Tante abgeholt werden.« Dann stellte sie das Handy aus.

Gleich hinter Garmisch kam ein Kontrolleur und knipste unsere Fahrkarten ab. Unsere Vollmacht interessierte ihn gar nicht. Auch unsere Pässe wollte keiner sehen. »Sind wir nicht gleich an der Grenze?«, flüsterte ich. Martha zuckte mit den Schultern.

Dann kam der Bahnhof Mittenwald, und dann waren wir plötzlich in Österreich. Einfach so, ohne dass wir es gemerkt hatten. Und ohne irgendwelche Probleme.

Wir hatten uns ganz umsonst solche Sorgen gemacht.

Die Leute, die nach und nach zustiegen, sprachen immer noch Deutsch, aber es klang ganz anders. Sie sagten *guuat* statt gut. Oder: *Dees geht nicht.* Die Worte waren breiter und in die Länge gezogen. Es hörte sich lustig an, aber nach einiger Zeit war es mir trotzdem zu anstrengend, sie durch das Geratter des Zuges zu belauschen. Ich sah aus dem Fenster, konzentrierte mich auf die bergige Landschaft und versuchte, nicht an zu Hause zu denken. Das war gar nicht so einfach. Denn irgendwie brachte mich jeder Gedanke sofort wieder zurück in unser Wohnzimmer. Wenn ich überlegte: Wow, welche Kräfte waren wohl nötig, um so riesige, hohe Berge aufzutürmen? Dann folgte auf dieses Wunder sofort die Idee: Wenn so etwas Irres möglich ist, warum soll dann nicht jemand wieder aus seinem Koma erwachen? Oder: Drei Sitzbänke weiter aß jemand ein Bounty, und mir fiel sofort Julius' Vorliebe für Kokos ein. Verdammt, dachte ich, wenn das nicht aufhört, dann werde ich bis Rom noch verrückt! Wütend beschloss ich, Häuser zu zählen. Doch anders als in Deutschland, wo man eigentlich immer Städte, Dörfer oder irgendwelche Gebäude sah, an denen der Blick kleben bleiben konnte, sah man hier nur Berge. Irgendwann mal zwischendurch gab es einen Steinbruch oder kleine Siedlungen, aber die waren meist winzig. Die Bahnhöfe waren kleiner als unsere Sarghalle.

»Du, ich habe darüber nachgedacht, was du gestern

gesagt hast, mit der Wahrheit«, riss mich Martha plötzlich aus meinen Beobachtungen. »Also, dass die meisten einem nicht wirklich die ganze, richtige Wahrheit sagen.«

»Was?«

»Ich glaube, sie finden das auch noch besonders einfühlsam.«

Ich wusste immer noch nicht, wovon sie eigentlich sprach.

»Mann! Dass die Leute lieber nicht die totale Wahrheit sagen, weil sie denken, es ist weniger schlimm, wenn man so ein bisschen schwammig drum herum redet.«

Langsam glaubte ich zu verstehen, worauf sie anspielte. »Du meinst den Arzt gestern?«

»Egal, ob das ein Arzt, ein Pfleger oder irgendeiner in der Familie sagt. Diese ganze Weichspülerei ist Blödsinn, verstehst du? Denn es ist ja immer genauso schlimm, wie es ist. Die Sache wird nicht besser, nur weil man das mit Worten irgendwie abmildert.«

Ich musste plötzlich daran denken, wie Papa damals auf der Intensivstation vor Julius' Bett zusammengebrochen war. »Aber manche Leute verkraften das vielleicht nicht so gut, wenn man ihnen die ganze fiese Wahrheit so volles Rohr ins Gesicht sagt?«

»Aber irgendwann müssen sie es doch sowieso verkraften!«, beharrte Marta. »Und wenn es dann vorher so harmlos runtergespielt wurde, sodass man sich schon

Hoffnung gemacht und beruhigt hat – dann ist es doch doppelt schlimm, wenn das schreckliche Ende kommt! Obwohl es eigentlich schon die ganze Zeit klar war! Das … das ist dann noch viel furchtbarer! Und schrecklicher!« Plötzlich spritzten Tränen aus Marthas Augen. »Hoffnung machen, wo gar keine ist, das ist – das ist gemeiner und ekeliger als die fieseste Lüge!«

Ich saß wie erstarrt. Vor dem Fenster schossen graue Felsen und Geröll vorbei, und ich war unfähig, mich zu bewegen. Ich hatte Martha noch nie weinen sehen. Ich hatte sie nicht mal ein bisschen verzweifelt oder traurig gesehen! Ich wollte sie trösten. Aber ich wusste nicht, was ich sagen oder machen sollte. Und da dämmerte es mir … Es gab einen Grund, warum Martha auf die Idee mit dem Bettenlager gekommen war! Und warum sie so gut über Krankenhäuser Bescheid wusste.

»Du warst oft in Krankenhäusern, oder?«, fragte ich. Und nun schluchzte Martha so doll los, dass die anderen Fahrgäste die Köpfe drehten.

»Los, raus hier, wir machen eine Pause, komm!« Zum Glück war der nächste Bahnhof schon angekündigt. Ich zog Martha vom Sitz hoch und schnappte mir ihren Rucksack. Dabei verhedderte ich mich in den langen Ärmeln ihres Ringelpullis. Ich befreite mich und schob sie zur Tür. Martha war wie eine Gummipuppe, die sich einfach von mir bewegen ließ. Ihr ganzer dünner Körper bebte unter dem großen Pulli. Als der Zug hielt, schubste ich sie hinaus auf den Bahnsteig und dann weiter über die flachen Gleise, an dem Bahnhofsgebäude vorbei und die Straße hinunter. Als ob wir einfach weglaufen könnten vor dem, was Martha so schrecklich zum Weinen brachte.

14

Martha rannte immer weiter. Wie aufgezogen. Wir stapften an einem milchig türkisfarbenen Flüsschen entlang, aus dem Ort hinaus und in die menschenleere Landschaft. Das hellgraue Kiesbett dehnte sich weit nach rechts und links aus, und wir stolperten über die Steine, voran in ein Nichts. Weit weg von allem, wie ausgesetzt in einer anderen Welt. Irgendwann hörte Martha auf zu schluchzen, und es kullerten nur noch Tränen aus ihren Augen. Und dann, vielleicht fünf Minuten später, blieb sie plötzlich stehen.

»Ich brauche ein Taschentuch.«

»Warte.« Ich kramte in meinem Rucksack nach einem Tempo und reichte es ihr. Martha schnäuzte sich laut. Ihre Schultern hingen runter, und die Ärmel des Pullis schienen noch länger geworden zu sein. Sie hockte sich hin, sodass nun auch ihre Knie unter dem Pullover verschwanden. Nur noch ihr Kopf guckte aus den bunten Streifen heraus. »Entweder der Krebs war da oder die Angst, dass er gleich wiederkommt«, sagte Martha – aber in so einem Tonfall, als spräche sie mit sich selbst. »Es ging immer hin und her. Erst war da nur ein kleiner Kno-

ten. Den haben sie weggemacht. Dann war da ein Ding am Bein. Und dann noch was und noch was. Es hörte nie auf. Weihnachten haben wir immer zu viert gefeiert: Papa, Mama, die Kotz-Chemo und ich. Dann kam der Frühling, und ihr ging es besser. Im Sommer hatten wir Hoffnung, dass es diesmal wirklich vorbei wäre, aber im Herbst kam dann der nächste Tumor. Und dann wieder Kotz-Chemo und Bestrahlung.« Martha ließ sich auf den Hintern fallen und streckte ihre dünnen Beine unter dem Pulli hervor. »Alle haben immer rumgedröhnt: Das wird schon! Das kriegt sie hin! Mama selbst hat zu mir gesagt: Mach dir keine Sorgen. Ich habe mit dem Krebs einen Pakt geschlossen. Ich habe ihm erlaubt, in meinem Körper zu wohnen, dafür lässt er mich leben und bei dir sein.« Unwirsch fuhr sie sich mit dem Ärmel durchs Gesicht. »Aber darauf hat der Krebs geschissen. Er hat sich immer breiter gemacht. Und am Ende war er überall.«

Ich wartete, doch Martha sagte nichts mehr. Ganz vorsichtig fragte ich: »Wann ist sie gestorben?«

»Vor einem Jahr, zehn Monaten und siebenundzwanzig Tagen.«

»Kurz bevor ihr zu uns gekommen seid?«

»Keine Ahnung, warum mein Vater unbedingt was

mit Beerdigungen machen wollte. Glaub mir, ich fand das eine Scheißidee. Aber ihm scheint es besser zu gehen, wenn andere Leute genauso traurig sind wie er. Bei euch, das findet er genau richtig. Da besteht keine Gefahr, mal fröhlich zu werden. Das ist voll nach seinem Geschmack.«

Das klang furchtbar, und so etwas wollte ich über mein Zuhause absolut nicht hören. Darum fiel ich ganz schnell in unsere Beerdigungsinstitut-Tod-Routine und fragte: »Wo ist deine Mutter begraben?« Fehlte nur noch: Mit Erd-, Feuer-, Seebestattung? Im selben Moment ärgerte ich mich über meinen blöden Tonfall.

Martha sah auf und blinzelte mich aus ihren verweinten Augen an. »Weiß ich nicht genau. Ich war noch nie da.«

»Aber du hast ihren Sarg bemalt?«

»Das waren Mamas Freundinnen. Papa hat sie gelassen, aber danach wollte er nichts mehr mit ihnen zu tun haben.«

Wieder quollen Tränen aus ihren Augen. »Die haben mich auch alle belogen. Niemand hat mir gesagt, wie schlimm es wirklich ist. Dabei habe ich es mir ja gedacht. Und dann hatte ich immer Angst, dass es nur so schlimm gekommen ist, weil *ich* das gedacht habe. Dass ich es mit meinen Gedanken erst so richtig ganz schlimm gemacht habe. Dass ich den Krebs erst in das ganz Furchtbare reingetrieben habe.«

»Das geht doch gar nicht.«

»Sicher?«

Natürlich wusste ich es nicht sicher. Aber ich konnte mir einfach nicht vorstellen, dass Gott oder das Schicksal oder das Universum, oder was es da sonst noch gab, irgendetwas schlimmer machte, nur weil ein elfjähriges Mädchen ahnte, wie schlimm es wirklich stand.

»Es tut mir leid«, sagte ich, denn genau das fühlte ich in diesem Moment wirklich.

»Was?«

»Alles. Mit deiner Mutter. Und dass ich dich nie gefragt habe, wo sie ist. Es ging immer nur um Julius und das Wachkoma. Um uns. Dabei weiß ich wirklich nicht, was gemeiner ist: ständig hoffen, dass es mal besser wird, oder traurig sein, weil –«

»Schon gut«, unterbrach mich Martha. Sie rappelte sich auf, schüttelte ihre Beine aus und stapfte wieder los. Einen Moment blieb ich stehen und starrte ihr hinterher, auf ihren riesigen, geringelten Pulli, der um ihren dünnen Körper schlackerte. Die langen Ärmel, die weit über die Hände reichten und bis zu den Oberschenkeln herunterbaumelten. Und da wurde mir noch etwas klar: Martha hatte keine Modemacke mit diesen komischen Riesenpullovern. Die hatten alle mal ihrer Mutter gehört. Darum trug sie diese furchtbaren Dinger. Ich eilte ihr nach. »Das war ihr Pulli, stimmt's?«

»Ja«, sagte sie, ohne ihren Schritt zu verlangsamen.

»Willst du mir erzählen, wie deine Mutter aussah?«

»Wann?«, fragte Martha. »Am Ende oder zwischendurch? Ohne Wimpern oder mit Perücke? Ich weiß gar nicht mehr genau, wie sie eigentlich richtig aussah. Also, nur sie, ohne den Krebs.«

»War vielleicht 'ne dämliche Frage.«

»Ja«, sagte Martha.

Wir liefen und liefen, und allmählich beschlich mich das Gefühl, wir hätten uns in dieser fremden Mondlandschaft verlaufen. Irgendwann musste doch mal wieder ein Dorf auftauchen oder die nächste Bahnhofsstation! Aber da kam nichts. Stattdessen fing es an zu regnen. Und zwar volle Kanne, wie aus Eimern. Wir suchten Schutz unter ein paar Bäumen, aber nach fünf Minuten waren wir trotzdem durchnässt. Und da jetzt sowieso alles egal war, stapften wir einfach weiter am Fluss entlang. Irgendwann entdeckte ich in der Ferne einen kleinen Hof. »Dahinten ist ein Haus mit einer Scheune«, sagte ich und zeigte in die sonst leere Landschaft. »Vielleicht können wir da unterschlüpfen, bis der Regen vorbei ist?«

Martha nickte, und dann legten wir einen kleinen Sprint ein, über eine Brücke hinweg, durch den strömenden Regen auf den einsam stehenden Bauernhof zu.

Das große, grüne Tor der Scheune stand einen Spalt offen, sodass wir uns hindurchquetschen und ins Trockene retten konnten. Es dauerte einen Moment, bis sich unsere Augen an die Dunkelheit gewöhnt hatten. Vage erkannte ich einen kleinen Trecker, irgendwelche Ackergeräte und einen Anhänger. Der Boden war einfach nur festgestampfte Erde. Und so roch es auch: erdig und ein bisschen nach Wiese und getrockneten Kräutern. Martha zeigte nach oben. »Guck mal!«

Bis zur Hälfte war eine Zwischendecke in die Scheune eingezogen, auf der Stroh und Heu lagerte.

»Da ist es bestimmt gemütlich«, sagte sie und begann, die lange Leiter hinaufzuklettern. Ich kraxelte ihr nach. Oben zogen wir unsere durchnässten Pullis aus und kauerten uns bibbernd auf die piksigen Strohballen. Mir war jetzt wirklich kalt, nur mit einem durchgeweichten T-Shirt. Meine klitschnasse Hose klebte an den Beinen, aber irgendwie mochte ich die jetzt nicht ausziehen. Jedenfalls nicht, solange Martha ihre Leggings noch anhatte. Da öffnete sich die Scheunentür, und ein langer Lichtkeil fiel in die Dunkelheit.

»Wenn ihr Schutz vor dem Regen sucht und euch aufwärmen wollt – das könnt ihr auch im Haus«, rief eine Männerstimme nach oben. Sie klang fast schüchtern.

Wir sahen uns an und krabbelten bis zur Kante. Vorsichtig spähten wir über den Rand. Zwischen den Ackergeräten stand ein Mann in blauen Arbeitsklamotten und Gummistiefeln. Unter seinem Hut lugten graue Haare hervor. »Ich hab euch aus dem Küchenfenster in die

Scheune laufen sehen. Also, wenn ihr wollt – « Er machte einen Wink in die Richtung, wo das Haus stand. Dann verließ er die Scheune wieder.

»Im Haus trocknen unsere Sachen bestimmt schneller«, sagte Martha. »Außerdem habe ich Hunger. Vielleicht kriegen wir da ja auch was zu essen?«

Sie krabbelte zur Leiter und nahm die ersten Sprossen. »Na komm, der hatte doch echt eine nette Stimme und sah lieb aus.«

Ich zögerte, doch dann sagte ich: »Na gut«, und kraxelte ihr hinterher.

Der Mann erwartete uns im Flur, hinter der offen stehenden Haustür. Er hatte den Hut abgesetzt, und jetzt sah man sein gebräuntes, faltiges Gesicht. Er schaute aus freundlichen, etwas traurigen Augen. Ich konnte überhaupt nicht schätzen, wie alt er war. Irgendwo zwischen Papa und Opa, dachte ich.

»Ich bin der Michel«, sagte er und reichte uns die Hand.

»Das ist Bela, und ich bin Martha«, erklärte Martha.

»Kommt rein. Ich habe gerade Nudelsuppe auf dem Herd. Vielleicht wollt ihr auch was?«

Martha boxte mir begeistert gegen den Arm. »Das wäre toll, ja.«

Ich warf einen kurzen Blick in den langen, holzgetäfelten Flur, bevor ich Michel und Martha in die Küche folgte. Der Boden war supersauber geputzt und glänzte. Michels Gummistiefel standen jetzt ordentlich neben ein Paar Holzpantinen und einem Paar schwarzer Schuhe, wie man sie zum Anzug trägt. Komisch, dachte ich noch, bevor ich die Küche betrat, wieso stehen hier nur Michels Schuhe?

Die Küche war ganz und gar aus Holz gebaut. Ich hatte so etwas noch nie gesehen: nicht ein Fitzel Metall oder Plastik, alles – vom Boden über die Wände bis hin zum Regal, den Stühlen und dem Tisch – nur Holz. Es war gemütlich und warm, und es roch herrlich nach Nudeleintopf. Michel gab uns einen Wink, und wir rutschten in die Eckbank, die halb um den Tisch herumführte. »Nehmt euch die Decken da«, sagte er und stellte jedem von uns einen dampfenden Teller Suppe vor die Nase. »Gebt mir mal die nassen Sachen.«

Martha reichte ihm ihren Pulli und ich meine Jacke. Michel legte sie ordentlich über einen Stuhl vor dem Ofen. »Wenn ihr wollt, könnt ihr mir auch eure Strümpfe und Hosen geben.« Ich schaute zu Martha.

»Erst mal was essen«, sagte sie und sog den Duft der Suppe ein. »Mmmh, das riecht ja echt megakrass lecker!«

Ich beobachtete Michel, der nun mit ruhigen, fast vorsichtigen Bewegungen einen dritten Teller auffüllte und sich dann zu uns an den Tisch setzte. Er sah abgearbeitet und müde aus. Und völlig harmlos, wie er da hinter seinem Suppenteller hockte, mit den gebeugten Schultern. Trotzdem war mir das Ganze irgendwie nicht geheuer. Ich konnte gar nicht genau sagen, was mich so verunsicherte. Vielleicht war es die Totenstille in diesem Haus?

»Wohnen Sie ganz allein hier?«, fragte ich so beiläufig wie möglich und pustete in die heiße Suppe.

Michel schüttelte lächelnd den Kopf. »Nee, da gibt es noch den Rudi und die Katinka. Und dann noch die Katzen, die Kühe und Schweine. Und die Hühner – die leben aber im Hühnerstall, hinterm Schuppen.«

Das beruhigte mich irgendwie, denn einen einzigen Mann ganz allein auf einem so großen Bauernhof mit so einem riesigen Topf Suppe auf dem Herd hätte ich jetzt doch ziemlich sonderbar gefunden. Rudi und Katinka kamen vielleicht gleich noch? Wahrscheinlich hatte sie irgendwo der Regen überrascht? Wozu sonst hatte Michel so viel gekocht?

»Was macht ihr hier?«, fragte Michel. »Bei diesem Hundewetter?«

»Ach, wir sind eigentlich nur auf der Durchreise«, antwortete Martha. »Wir wollen zu unserer Oma, die Geburtstag hat, aber im Zug ist mir schlecht geworden, da sind wir raus, und dann fing der Regen an.«

»Aha«, sagte Michel und schien mit Marthas Lüge zufrieden zu sein. Das fand ich nun noch komischer: Schließlich lag der Hof mindestens zwei Stunden Fußmarsch vom Bahnhof entfernt. So schlecht konnte einem doch gar nicht sein, dass man so weit lief! Da hörte ich ein Kratzen an der Tür.

Michel lächelte wieder und stand auf. »Na, jetzt sind sie doch neugierig geworden.« Er öffnete die Tür, und zwei große, goldfarbene Hunde trabten herein. Schwanzwedelnd begrüßten sie uns.

»Sind die hübsch!« Martha war gleich hingerissen, und auch ich konnte nicht anders, als über das seidige Fell des größeren Hundes zu streichen. Mit einem wohligen Räuspern legte er sich zu meinen Füßen. Ich vergrub meine feuchten Socken in seinem warmen Fell und nahm einen großen Löffel Suppe.

»Wie heißen die?«, fragte Martha, während sie sich von dem anderen Hund immer noch die Hände abschlecken ließ.

»Das sind der Rudi und die Katinka.«

Beinahe wäre mir der Löffel aus der Hand gefallen. Rudi und Katinka waren Hunde! Keine Menschen! Ich kam mir belogen vor. Wieso hatte Michel nicht gleich gesagt, dass er hier ganz allein wohnte?! Ich sah zu Martha. Doch die schien überhaupt nicht argwöhnisch. Im Gegenteil: Nach ihren ganzen Tränen war sie sogar ein bisschen überdreht. »Sind die süüß«, quietschte sie und ließ sich weiter die Finger abschlecken.

»Na, nun ist aber gut«, sagte Michel. »Mach Platz, Katinka. Brav so.«

Martha rieb sich die Hände an ihrer feuchten Leggings

ab und schob sich den nächsten Löffel Suppe in den Mund. »Das ist wirklich supersuperlecker«, lobte sie. »Aber sag mal, Michel, wieso kochst du so einen riesigen Topf, wenn du hier ganz allein wohnst?«

»Ich koche immer für eine Arbeitswoche«, erklärte Michel. »Am Samstag gehe ich dann ins Wirtshaus, und sonntags mache ich mir ein Stück Fleisch.«

»Logo.« Martha nickte. »Das würde ich wahrscheinlich auch so machen, wenn ich allein wohnen würde. Oder, Bela?«

»Nee, schon klar«, sagte ich, und wahrscheinlich war es auch total normal. Und vielleicht war es auch ganz natürlich, seine Hunde wie Mitbewohner vorzustellen, wenn man ganz allein auf so einem riesigen, einsamen Hof am Ende der Welt wohnte. Trotzdem wurde mir Michel jetzt immer unheimlicher. Vielleicht lag es an der Begegnung mit dem fiesen Kerl aus dem Bahnhofsviertel, aber ich war jetzt wirklich supermisstrauisch. Denn eins war klar: Hier hielt mal nicht eben ein Taxi. Hier konnten wir uns nicht unter dem wachsamen Blick des Fahrers aus dem Staub machen! Ich rührte in der Suppe und überlegte, was ich tun sollte. Am besten guckte ich jetzt sofort nach, wie wir hier wieder unauffällig rauskamen. Ich kletterte aus der Bank und fragte scheinheilig: »Wo ist denn das Klo?«

Michel zeigte zur Tür. »Den Flur runter und am Ende links.«

Bevor ich aus der Küche ging, warf ich Martha einen alarmierten Blick zu – doch die guckte gar nicht, weil sie zu sehr mit dem Hund und der Suppe beschäftigt war. Anscheinend war sie völlig arglos.

Draußen checkte ich als Erstes die Haustür. Der Schlüssel steckte, aber es war nicht abgeschlossen. Das war schon mal gut. Dann sah ich mich weiter um. Außer den Schuhen unter der Garderobe war der Flur vollkommen leer. Ein Stück weiter hingen ein paar Rahmen mit Schwarz-Weiß-Fotos, alle von früher. Damals war richtig was los gewesen auf dem Hof: Auf allen Bildern war stets eine Horde von Leuten zu sehen.

Ganz am Ende des langen Ganges waren zwei Türen. Die rechte stand einen Spalt offen, und dem Geruch nach führte sie wohl zum Stall. Wahrscheinlich waren da auch die Hunde reingekommen. Ich drückte vorsichtig die Klinke der linken Tür. Dahinter lag – wie Michel gesagt hatte – ein einfaches, aber sehr sauberes Bad mit rosa Fliesen. Ich trat ein. Auf der schmalen Ablage über dem Waschbecken standen ein Becher mit einer Zahnbürste, eine Spraydose Rasierschaum und ein Rasierer. Mit einem Finger schob ich den weißen Plastikvorhang der Badewanne beiseite. Die war auch supersauber. Michel schien ein echter Putzteufel zu sein. Ich setzte mich auf die Toilette, pinkelte und dachte: Vielleicht bin ich nach dem komischen Kerl einfach nur ein bisschen hysterisch. Michel war ja wahnsinnig freundlich – ich meine, er musste uns ja nicht reinlassen und Suppe anbieten. Und er hatte uns auch nicht irgendwie angelockt. *Wir* waren ja einfach auf sein Grundstück gelaufen, in seine Scheune rein. Als ich fertig war, spülte ich und wusch mir die Hände. Ich sah in den Spiegel und sagte zu mir selbst: Komm mal runter. Dann drehte ich mich zum Handtuch, warf beiläufig einen Blick aus dem Fenster – und bekam fast einen Herzstillstand. An der Scheunenwand gegenüber stand in riesigen, roten Buchstaben: MÖRDER-MICHEL!

15

Meine Beine fühlten sich wie Gummi an, als ich in den Flur zurücktappte. Als Erstes testete ich noch mal den Schlüssel im Schloss der Haustür. Es war immer noch aufgeschlossen. Ich zog den Schlüssel ab und ließ ihn in meiner Tasche verschwinden. Jetzt musste ich nur noch sehen, dass ich Martha und mich so schnell wie möglich hier rausbrachte!

Als ich die Küchentür öffnete, bog sich Martha gerade vor Lachen in der Eckbank. »Das hat sie nicht gemacht!«

»Doch«, rief Michel und lachte ebenfalls laut. »Die Katinka hat dem Förster das Hirschgeweih von der Terrasse geklaut und bis hierher geschafft! Und der dachte, das Ding hat sich in Luft aufgelöst!«

Martha gluckste. Ich rutschte stumm in die Bank. Vor mir stand der halb volle Teller, doch der Appetit auf Nudelsuppe war mir vergangen. Ich hatte ein schreckliches Gefühl, denn ohne Grund schrieb niemand *Mörder-Michel* an eine Scheunenwand. Ich meine: MÖRDER – das war doch das Härteste, was es gab! Und ich war mir jetzt auch absolut sicher, dass Michel meiner Frage, ob er hier allein wohnte, nicht grundlos ausgewichen war …

Er hatte mit Absicht so getan, als seien die Hunde Menschen. Er wollte uns in die Irre führen. Verdammt, verdammt, dachte ich. Wir saßen in der Falle. Von Mörder-Michel. Ich musste Martha irgendwie warnen oder einweihen – aber ohne Michel misstrauisch zu machen, denn wer wusste schon, was er dann mit uns machte, der *Mörder-Michel*?

»Willst du dir nicht mal die Hände waschen?«, fragte ich. »Der Hund hat dich doch von oben bis unten abgeschleckt.«

»Häh?« Martha sah mich überrascht an. »Wie guckst du denn?! Ist irgendwas?«

»Wasch dir doch einfach mal die Hände«, wiederholte ich.

Michel sah mich forschend an, und ich musste ganz schnell weggucken.

»Du hast die Schmierereien an der Wand gesehen.«

Michel hatte mich natürlich sofort durchschaut. Ich war schon immer ein ganz mieser Lügner gewesen. Auch jetzt konnte ich nicht anders, als zu nicken.

Michel sackte ein Stück in sich zusammen, und nun sah er doch so alt wie Opa aus. »Ich habe sie nicht umgebracht. Das war ein Unfall.«

»Wer hat wen umgebracht?« Martha sah fragend zwischen Michel und mir hin und her.

»Die Gerti. Es war ein Unfall. Hat der Richter auch gesagt.«

Ich schluckte und bemühte mich mit aller Kraft um eine feste Stimme: »Aber wieso schreibt dann jemand *Mörder-Michel* an deine Wand?!«

»Mörder?!« Martha schoss ein Stück von der Bank empor.

»Weil die im Dorf das denken. Weil die Gerti eine von ihnen ist. Ich bin nur ein Angeheirateter, der sich den Hof unter den Nagel gerissen hat. Das denken die. Darum.«

»Was ist denn mit der Gerti passiert?«, fragte Martha.

Michel sagte nichts.

»Das würde ich auch gern wissen«, presste ich hervor. »Denn bei einem normalen Unfall kommt man ja nicht vor Gericht. Und da sprüht auch hinterher niemand *Mörder* an die Wand!«

»Ich bin rückwärts gesetzt mit dem Trecker und dem Pflug. Die Gerti hat dahinter gestanden. Ich konnte sie gar nicht sehen! Hat der Richter auch gesagt. Ich habe auch gleich den Rettungswagen gerufen. Das tut man doch nicht, wenn man jemanden umbringen will!«

»Aber wieso glauben die dir dann nicht?«, bohrte ich weiter. Schließlich war jetzt sowieso alles zu spät. Wir saßen in dieser Küche fest. Bei Mörder-Michel. Und *Hinhalten* war das Einzige, was mir im Moment einfiel.

»Die Gerti war eine streitsüchtige Frau. Nie konnte man es ihr recht machen. Geschimpft hat sie. Immer. Kartoffeln hat sie nach mir geworfen. Das wussten alle.

Aber ich habe nie Hand an sie gelegt. Nie. Nur verflucht habe ich sie manchmal. Obwohl ich sie ja geliebt hab.«

Michel wischte sich eine Träne aus dem Augenwinkel.

Martha sah ihn aufmerksam an. »Wie lang ist das jetzt her mit dem Trecker, dem Pflug und der Gerti?«

Ich glaubte es nicht! Martha kaufte Michel diese schräge Geschichte tatsächlich ab?!

»Zehn Jahre ist es her«, sagte Michel leise. »Und kein Tag ist vergangen, wo ich nicht an die Gerti gedacht habe. Gefehlt hat sie mir, jeden Tag. Selbst ihr Gezänk. Und schuldig fühle ich mich. Bei jedem Atemzug. Davon kann mich kein Richter freisprechen.«

»Das ist wirklich schlimm«, sagte Martha mitfühlend. »Wenn man schuld ist, dass jemand gestorben ist.«

Michel sagte nichts und weinte stumm. Ich pustete aus. Das waren echt zu viele Tränen heute, und ich wusste nicht, ob ich noch mehr davon sehen wollte. Und erst recht nicht, weil diese hier wahrscheinlich die größte Showeinlage aller Zeiten waren!

»Niemand darf das Leben eines anderen Menschen nehmen«, schluchzte Michel weiter. »Nicht vor unserem Herrgott. Und auch nicht vor der Natur. Keiner hat das Recht dazu. Es ist das Schlimmste, was man tun kann. Diese Last muss ich jetzt tragen, jede Stunde und jede Sekunde. Bis zum Grab.« Er vergrub das Gesicht in den Händen, und seine Schultern bebten.

»Aber es war doch ein Unfall!« Martha nahm seine

Hand und strich tröstend darüber. »Wenn du sie nicht sehen konntest und sie sich einfach total blöd hinter den Pflug gestellt hat, dann kannst du doch nichts dafür.«

Plötzlich spürte ich ein Brodeln in meinem Bauch, denn ich musste an den Lkw-Fahrer denken, der Julius umgefahren hatte. Der hatte auch bei der Polizei gesagt, dass er ihn nicht gesehen hatte.

Michel schüttelte weiter verzweifelt den Kopf. »Ich habe den Rückwärtsgang eingelegt und aufs Gas gedrückt. Ich wollte schnell machen. Damit sie nicht wieder meckert. Damit sie endlich Ruhe gibt. Und dann hat sie Ruhe gegeben. Für immer.« Verzweifelt raufte er sich mit den Händen durchs Haar.

Ja, dachte ich, und eine eiskalte Wut kam in mir hoch. Echt blöd für dich, Mörder-Michel! Aber die Gerti, die vermodert jetzt in der Erde, und du, du sitzt hier an deinem Küchentisch und haust dir die Nudelsuppe rein! Und dann fiel mir wieder ein, dass sich der Lkw-Fahrer nie bei uns gemeldet hatte. Mama machte das immer noch fuchsteufelswild. Aber wenn ich jetzt Michel sah und mir vorstellte, dass dieser Lkw-Fahrer flennend in unserem Wohnzimmer gestanden und sich selbst bemitleidet hätte – dann war es besser, dass er wegblieb! Und zwar für alle Zeiten! Denn da hatte Michel ausnahmsweise recht: Niemand durfte das Leben von einem anderen wegnehmen. Niemals! Da konnte er jetzt ruhig heulen. Denn am Ende war es für denjenigen, der tot war, egal, ob der andere das mit Absicht, aus Versehen oder aus Blödheit gemacht hatte. Es war vorbei. Und darum hatte ich überhaupt kein Mitleid mit Michel!

Allmählich wurden von dem ganzen Geflenne die Hunde unruhig. Sie sprangen an Michel hoch und jaulten, als wenn sie ihn tröstend wollten. Schniefend strich er ihnen über die Köpfe. »Schon gut, meine Lieben. Schon gut.« Dann stand er auf und murmelte: »Bin gleich wieder da.«

Als die Küchentür hinter ihm ins Schloss gefallen war, sprang ich auf. »Los, weg hier!«

Martha guckte mich an wie ein Auto und rührte sich nicht. »Wir können ihn doch jetzt nicht allein lassen.«

»Vielleicht stimmt diese ganze Geschichte mit dem Trecker und Aus-Versehen-Rückwärtsgang gar nicht?!«

»Vielleicht stimmt aber auch die Scheißschmiererei an der Wand nicht?!«, fuhr Martha mich an.

»Ich will trotzdem hier raus. Sofort! Ich halte dieses scheinheilige Geheule keine Sekunde länger aus!«

»Er ist verzweifelt! Mann, merkst du das nicht?!«

»Er ist ein Mörder!«

»Und du bist ein Idiot!« Martha verschränkte die Arme. »Dann geh doch. Ich bleibe hier.«

»Spinnst du?! Wir müssen nach Rom!«

»Ja, aber nicht so!«

Ich hätte ihr am liebsten eine reingehauen! Ich meine: Entweder war Michel ein fieser Mörder oder eine ekelige

Heulsuse! Und ich konnte nicht einmal sagen, was ich schlimmer fand. Ich machte zwei Schritte zur Tür, dann drehte ich mich um. »Komm mit! Los! Bitte!«

Martha schüttelte den Kopf.

Ich ballte die Fäuste und hätte am liebsten gegen eins der hübsch gedrechselten Stuhlbeine getreten. Schließlich konnte ich ja nicht einfach abhauen und Martha hier zurücklassen bei Mörder-Michel – auch wenn alles in mir schrie: Weg hier!

»Hast du Schiss?!«, fragte Martha seelenruhig. »Mord ist die Straftat, die am seltensten wiederholt wird. Hab ich gelesen. Bis auf ein paar durchgeknallte Serienkiller sind das meistens ganz normale Leute. Das passiert dann wegen Ehestreit oder Krach in der Familie. Da flippt einer aus – und peng, war's das. Meist versehentlich, aus so einer Raserei heraus. Oder weil zufällig ein Brotmesser auf dem Tisch lag.«

»Das ist mir total egal!«, brüllte ich. »Ich will nur weg!«

Martha zog eine Augenbraue hoch und sah mich streng an. »Anstatt abzuhauen, solltest du Michel lieber fragen, wie das ist.«

»Wie *was* ist?«

»Wie das ist, wenn man jemandem das Leben weggenommen hat! Ich meine, wenn ihr beschließt, Julius keine Medikamente mehr zu geben, dann tut ihr doch genau das.«

Jetzt konnte ich mich nicht mehr halten. Ich trat mit voller Wucht gegen ein Stuhlbein. Der Stuhl flog quer durch die Küche und krachte in das Regal mit dem Geschirr. Die bunt verzierten Teller und Schüsseln flogen auf den Boden, Scherben klirrten, die Hunde bellten wie verrückt – und die Küchentür flog auf.

»Was ist hier los?«, fragte Michel verwirrt.

»Meine Mutter will meinen Bruder nicht umbringen!«, brüllte ich. »Sie will, dass er sich nicht quält. Sie will ihn von diesem verdammten Wachkoma und den Krämpfen erlösen! Und das auch nur vielleicht! Wenn der Papst es sagt!«

»Trotzdem müsst ihr dann damit leben, dass ihr ihm das Leben weggenommen habt, du Klugscheißer!«, brüllte Martha zurück. »Du hältst dich wohl für einen Superexperten in Sachen Tod, nur weil ihr so ein blödes Beerdigungsinstitut habt! Du meinst, ihr wisst Bescheid über Tod und Sterben! Aber du hast keine Ahnung! Von gar nichts!«

»Du bist eine so doofe Kuh!«, stieß ich aus und wollte rausrennen, doch Michel hielt mich fest. Ich wollte mich losreißen, aber seine Finger lagen wie Schraubzwingen um meine Arme.

»Lass mich los!«, brüllte ich. »Du sollst mich loslassen!«

Ich trat nach ihm, schüttelte mich, zerrte. Die Hunde knurrten. Ich glaube, ich habe sogar gespuckt. Michel hielt fest. Bis ich nicht mehr konnte. Und dann musste ich auch weinen. Was für ein Scheißtag, dachte ich. Was für Scheißgeschichten! Was für ein Scheißpech, das wir alle drei hatten. Und dann war ich so erschöpft, dass es mir egal war, ob Michel ein Mörder war und was an seiner Geschichte stimmte und was nicht. Ich war einfach am Ende meiner Kräfte.

16

Ich glaube, ich hatte so eine Art Blackout. Auf jeden Fall fehlte mir ein ganzes Stück Zeit, als ich wieder zu mir kam. Oder hatte ich geschlafen? Ich saß auf der Bank vor dem warmen Ofen und war in eine flauschige Decke gehüllt. Die Hunde lagen an meinen Füßen, und Michel und Martha kehrten die letzten Scherben vom Boden zusammen. Dann fiel mir alles wieder ein, und ich schämte mich furchtbar. Ich schloss einfach wieder die Augen. Vielleicht hatte Martha recht: Vielleicht war es vollkommen gleich, ob man jemanden aus Versehen mit dem Trecker überrollte, mit einer Pistole erschoss oder einfach keine Medikamente mehr gab. Am Ende kam es auf dasselbe hinaus: Schluss, aus, Tod. Und entschieden hatte es ein anderer. Und der musste dann damit leben. Bis in sein Grab, wie Michel gesagt hatte. Ich hatte keine Ahnung, wie wir das schaffen sollten. Denn auch wenn wir glaubten, dass wir es aus Liebe für Julius taten – also, falls wir es taten –, wüssten wir niemals genau, ob er das okay fand, ob er das selbst gewollt hätte. Aber *wir* hatten ihm dann das Licht ausgeknipst. *Wir* hatten den Aus-Schalter gedrückt. Und *wir* müssten dann jeden Tag daran denken. Mit jedem Atemzug. Immer. So wie Michel. Die Vorstellung war so schlimm, dass ich nicht weiterdenken konnte. Ich öffnete die Augen.

Martha sah auf. »Alles okay?«

Ich nickte müde. »Wie spät ist es eigentlich?«

»Ziemlich spät. Heute kämen wir höchstens noch bis zum Brenner, und dann säßen wir da an der Grenze fest. Darum schlafen wir besser hier, und morgen fährt uns Michel zum Bahnhof. Mit dem Trecker.«

Mit dem Mördertrecker, dachte ich. Aber irgendwie war es mir egal, und irgendwie wunderte mich nichts mehr. Ich lehnte mich zurück und ließ den Kopf an die warmen Ofenkacheln sinken. Meine Arme und Beine fühlten sich bleischwer an. Ich wäre auch nicht in der Lage gewesen, einen Meter zu laufen.

»Junge, das tut mir leid mit deinem Bruder.« Michel hörte auf zu kehren und baute sich etwas unbeholfen vor mir auf. »Also, ich hatte mal gehört, dass es so etwas gibt, aber ich habe noch nie jemanden getroffen, bei dem das passiert ist. So direkt in der Familie.«

»Ich habe auch noch nie jemanden getroffen, bei dem Mörder-Michel an der Wand stand.«

Michel zuckte hilflos mit den Schultern und kehrte weiter. Aber dann hielt er wieder inne. »Also, ich habe mal überlegt, wie das wohl so ist im Wachkoma?«

Nun ließ auch Martha ihren Besen sinken und sah mich an.

»Ich habe immer an einen Wal gedacht«, sagte ich.

Michel runzelte die Stirn. »Einen Wal?«

Ich war zu erschöpft, um mich gegen irgendetwas zu wehren, darum erzählte ich, wie ich mir vorstellte, dass Julius durch die Tiefen der Ozeane glitt, dort, wo es ganz still war und nie ein Lichtstrahl hinkam, ganz tief unten. Und dass er vielleicht wie ein Wal zum Luftholen mal auftauchte, für einen kurzen Moment, und dann hörte und fühlte, dass wir da waren – um dann wieder abzutauchen. Und dass wir ihn in dieser unglaublichen Tiefe niemals erreichen oder finden konnten.

»Mmh«, machte Michel. »Das klingt gar nicht so nach Krankheit und Schmerz.«

Und dann sagte erst einmal keiner etwas, bis Martha mit dem Besenende auf den Boden klopfte. »So, ich glaub, ich könnt jetzt noch einen Teller Suppe vertragen. Außerdem haben wir für heute echt genug über Tod und Koma geredet. Wollen wir nach dem Essen nicht ein Spiel spielen? Irgendetwas Lustiges?«

Michel nickte. »Ich glaube, im Stubenschrank liegt noch ein altes *Mensch-ärgere-Dich-nicht*-Spiel.«

»Na, das passt ja prima«, sagte ich, und dann aßen wir die neu aufgewärmte Suppe und spielten *Mensch ärgere Dich nicht*, bis wir so müde waren, dass wir auf der Eckbank in der Küche einschliefen.

Am nächsten Morgen schmierte uns Michel einen Berg Brote und wickelte sie in ein altmodisches, beiges Papier. »Damit ihr mir nicht auf dem Weg nach Rom verhungert«, sagte er und stopfte sie zusammen mit einer großen Tüte Gummibärchen in unsere Rucksäcke. Dann fuhr er uns mit seinem Trecker zum nächsten Bahnhof. Der war tatsächlich nicht so weit weg wie der, an dem wir ausgestiegen waren. Auf der Fahrt guckte ich immer hinten runter zu der Anhängerkupplung, da, wo der Pflug gehangen hatte, der Gerti das Leben gekostet hatte. Und dann dachte ich: Okay, Michel hat den Rückwärtsgang eingelegt und Gerti umgebracht. Aber irgendwie unterschied er sich nicht von anderen Menschen. Außer dass er ein bisschen trauriger war. Und unverschämtes Glück beim *Mensch ärgere Dich nicht* hatte. Original acht Mal hatte er gewonnen. Zwischendurch hatten wir ihm noch die Wahrheit gesagt über unsere Fahrt zum Papst.

Als wir am Bahnhof ankamen, kletterten wir von den Sitzen über den großen Reifen, und auch Michel stieg kurz ab. »Ihr könnt ja beim Heiligen Vater ein gutes Wort für mich einlegen«, rief Michel durch das Treckergeknatter. »Ich wär schon gern irgendwann im Himmel, bei der Gerti.«

»Wieso bist du dir so sicher, dass sie im Himmel ist?«, rief Martha. »Immerhin hat sie mit Kartoffeln nach dir geworfen.«

»Ganz innen drin hatte sie ein gutes Herz«, beharrte Michel.

»Na gut«, rief Martha. »Wir fragen für dich.«

»Wartet mal.« Etwas umständlich zog Michel eine alte Plastiktüte mit einem Buch aus dem Kasten hinter dem Fahrersitz hervor. »Das hier, das hat der Gerti gehört, sie hat es sehr gemocht. Und als dann, als sie – ach, was soll's. Eine Geschichte hier drin hat mich immer getröstet. Wenn es ganz schlimm war. Vielleicht gibt es dir auch etwas Trost?«

Er hielt mir die Tüte hin. Ich griff zu, und da sah ich auf seiner Hand, zwischen Daumen und Zeigefinger, eine Tätowierung: drei dunkle, dicke Punkte. Was sie bedeuteten, hatte mir mal einer unserer Sargträger erklärt, als ich beim Waschen einer Leiche zugeguckt hatte. »Knast«, hatte er erklärt. »Die drei Punkte machst du dir, wenn du hinter Gittern sitzt.«

Ich sah Michel in die traurigen, braunen Augen. Du alter Lügenbold, dachte ich, aber dann musste ich grinsen. Vielleicht gab es ja auch noch viel mehr Dinge auf der Welt, bei denen man nicht genau wusste, was richtig und was falsch war? Michel breitete seine Arme aus, und Martha umarmte ihn. Und dann tat ich es auch. »Tschüss, Mörder-Michel«, flüsterte ich, und er drückte mich noch einmal ganz lieb und fest.

Dann gingen wir in das Bahnhofsgebäude und stiegen in den nächsten Zug nach Innsbruck.

Der Bahnhof Innsbruck sah im Gegensatz zu dem in München extrem modern aus, so eckig und mit ganz vielen Milchglasscheiben. Das Gebäude war hell. Und sehr übersichtlich. Wir fanden sofort einen Fahrkartenautomat.

»Wie viel Geld haben wir noch?«, fragte Martha.

Ich öffnete das Portemonnaie. »Keine hundert Euro mehr …«

Martha tippte als Ziel *Brenner/Brennero* ein und überlegte: »Vierzig Euro für uns beide …«

»Vielleicht sollten wir die Fahrkarten ab jetzt mit der Kreditkarte bezahlen und das Geld für Essen aufheben«, warf ich ein.

Martha nickte. »Ja, denn wenn wir beide in irgendeinem Pizzaladen eine Kreditkarte mit dem Namen *Jürgen Maier* zücken, werden die ganz sicher sofort misstrauisch, und hier –«, sie sah sich um, »kriegt es ja keiner mit.«

»Aber wenn die jetzt alles überprüfen, also Telefon und Kreditkarte, und mitkriegen, dass wir die Karte hier benutzt haben, dann können die doch bestimmt auch ganz schnell rausfinden, wohin wir ein Ticket gekauft haben, und dann –«

»Mist!«, unterbrach mich Martha. »Daran habe ich ja noch gar nicht gedacht! Die haben die Karte vielleicht längst sperren lassen!«

»Und jetzt?«, fragte ich alarmiert. »Wir sind fast pleite, und bis Rom ist es noch ziemlich weit, und wir müssen bestimmt noch mal irgendwo übernachten! Und essen müssen wir auch noch!«

Martha trommelte mit den Fingern auf dem Fahrkartenautomaten. »Wenn die Karte noch funktioniert, dann sollten wir jetzt auf jeden Fall für eine längere Strecke Tickets kaufen.«

»Aber dann können die rauskriegen, wo wir hinwollen!«

»Jaaa ... aber das dauert bestimmt einen Moment.« Es klang, als müsste Martha sich selbst Mut zusprechen. Gleichzeitig machte es ›Klack‹, und der Buchungsvorgang brach ab. Martha sah mich an und nickte dann entschlossen. »Wir haben keine andere Wahl. Wir müssen es versuchen.« Sie drehte sich zum Automaten. »Ich weiß, dass auf der Strecke nach Rom noch Bologna liegt. Das habe ich mir gemerkt, wegen Spaghetti Bolognese.«

Sie tippte *Bologna* als Ziel ein. Zwei Fahrscheine bis dorthin sollten nicht ganz sechzig Euro kosten. Martha holte tief Luft und schob die Kreditkarte in den Schlitz. Wir starrten auf den Bildschirm und beteten, dass der Kasten die Karte annehmen würde. Es dauerte. Doch dann leuchtete die erlösende Anzeige auf: Geheimnummer eingeben.

»Puh«, machte Martha und sackte ein Stück zusammen. »Jetzt haben wir Fahrkarten bis irgendwo in der Mitte von Italien, aber es weiß trotzdem noch keiner, dass wir nach Rom wollen.«

Ich zeigte auf den Bildschirm. »Das ist kein Bummelzug, oder?«

Martha schüttelte den Kopf. »Nee, der geht direkt in einem durch, und wir sind in vier Stunden in Bologna. Also los. Sicherheitshalber schreiben wir uns trotzdem eine neue Vollmacht, und dann nichts wie weg hier. Bis die dann rausgekriegt haben, wo wir hinwollen, sind wir längst über die Grenze, und ab Bologna steigen wir wieder in Bummelzüge.«

»Gut«, sagte ich, und dann musste ich irgendwie grinsen. Ich fragte mich, wieso die Erwachsenen noch nicht darauf gekommen waren, uns die Karte zu sperren. Oder hatte Marthas Vater noch gar nicht gemerkt, dass sie fehlte?

Wir gingen in den superschicken Warteraum und pflanzten uns auf die knallgrünen Sessel. Die Polster rochen noch mega neu, und irgendwie fühlte ich mich zwischen den ganzen Leuten mit Laptops und Zeitungen ziemlich erwachsen – auch wenn wir nur wieder unseren knickrigen Block vorkramten und eine neue Vollmacht schrieben. Diesmal wollten wir vorsichtshalber auch einen Namen und eine Zieladresse einfügen. Uns schien es nämlich glaubhafter, dass man das dazuschrieb, wenn man seine Kinder allein in ein anderes Land mit einer fremden Sprache schickte. Und nur, weil es von Deutschland nach Österreich so gut funktioniert hatte, hieß es ja nicht, dass es von Österreich nach Italien genauso leicht ging. Blöderweise mussten wir jetzt noch einmal Marthas Handy anschalten.

»Komm – über die Kreditkarte kriegen die eh raus, dass wir hier waren. Da ist das Telefon jetzt auch egal. Und bis die das spitzkriegen, sind wir über alle Berge«, beruhigte mich Martha und gab die Begriffe **Bologna** und **Maria** bei Google ein. »Maria heißen nämlich total viele Frauen in Italien«, erklärte sie. »Da findet sich bestimmt eine, die als unsere Oma taugt.« Und tatsächlich: Gleich ganz oben in der Suchmaschine erschien eine Trattoria, deren Inhaberin Maria hieß, und neben dem Schriftzug war das Bild einer älteren Frau am Herd zu sehen. »Die nehmen wir«, beschloss Martha, und ich begann die Vollmacht zu schreiben. Dann ging das Handy von allein aus. Der Akku war leer.

17

Als wir in den Eurocity nach Bologna stiegen, war ich verwundert. Die Züge von Österreich nach Italien sahen wirklich mal anders aus: Die Sitze waren weich und mit einem blauen, gepunkteten Stoff bezogen. Ein bisschen so wie in Reisebussen. Das Licht war auch anders. Außerdem hatte ich das Gefühl, dass die Sitze breiter und an den Füßen geräumiger waren. Dass es hier so anders aussah als in unseren ICEs oder ICs, gefiel mir. So fühlte man auch im Zug die Ferne bis nach Hause.

Kurz vor *Brenner* oder *Brennero* – weil der Ort genau auf der Grenze lag, hatte er einfach in zwei Sprachen einen Namen – kam der Schaffner in das Großraumabteil. Wir zeigten unaufgefordert die Fahrkarten, Pässe und die Vollmacht. Diesmal las der Mann unser Schreiben sogar. Die Pässe guckte er sich nicht an und reichte sie ungeöffnet mit der Vollmacht wieder an Martha zurück.

»Zur Oma?«, fragte er und sah dabei freundlich über den Rand seiner Brille hinweg.

Martha lächelte wieder so liebreizend wie bei dem Kontrolleur kurz vor Göttingen. »Ja! Toll, wenn man eine Oma im Ausland hat, oder?«, sagte sie. »Da kommt man richtig rum. Ich habe Kinder in der Klasse, die sind noch nie in einem anderen Land gewesen!«

»Da hast du wirklich großes Glück.« Der Mann zwinkerte ihr zu und knipste unsere Fahrkarten ab.

»Lief doch wie geschmiert«, flüsterte Martha, nachdem er den Waggon wieder verlassen hatte. Ich nickte und sah aus dem Fenster. Der Zug wurde langsamer, und draußen, an einer Mauer, entdeckte ich zwei Schilder: Links stand *Österreich,* mit einer rot-weißen Flagge, und rechts *Italia,* mit der grün-weiß-roten Fahne. Gemächlich zockelten wir an den Schildern vorbei – und damit waren wir über die Grenze, in Italien. »Geschafft«, flüsterte ich und konnte es selbst kaum glauben. Manchmal waren die Dinge auch einfacher, als man erwartete.

Am Brenner standen wir etwa zehn Minuten. Die schmuddeligen Gebäude und die dicht hintereinanderstehenden Eisenträger mit den Hochspannungsleitungen erinnerten mich an Fotos von früher. An Bilder aus Kriegszeiten. Der Bahnhof wirkte so, als hätte sich in den letzten siebzig Jahren nichts verändert. Ich las die blauen, mehrsprachigen Hinweisschilder, die auch uralt aussahen, dann rollten wir weiter. Jetzt kamen die Durchsagen im Zug erst auf Italienisch, dann auf Deutsch und dann auf Englisch. Die Berge sahen immer noch gleich aus. Die interessierten die Grenzen herzlich wenig.

Dann fuhren wir in einen Tunnel. Rechts und links, aus kleinen Nischen in der Wand, blinkten Neonröhren auf. Es war ein bisschen wie so ein Flacker-Discolicht. Martha zog die Tüte Gummibärchen von Michel aus dem Rucksack und riss sie auf. »Ich mag am liebsten dunkelrot, grün und weiß. Und du?«

»Orange und dunkelrot.«

»Sollen wir die Dunkelroten durchzählen?«

Ich schüttelte den Kopf. »So wichtig ist es auch nicht. Zur Not esse ich auch die Hellroten und Gelben.«

Martha sah mich aufmerksam an. »Weißt du, was ich mich gestern gefragt habe?«

»Nein«, sagte ich und schaute schnell weg. Zum Glück fuhren wir gerade aus dem Tunnel wieder raus, sodass ich nicht gegen eine schwarze Wand gucken musste. Das wär irgendwie albern gewesen. Aber langsam kannte ich Martha. Wenn sie mich so bohrend ansah, dann kam immer etwas ziemlich Kompliziertes oder total Persönliches.

»Also: Vielleicht fühlt man sich, wenn man erst mal im Wachkoma ist, da unten tief eingeschlossen in seinem Körper, so walmäßig ... Vielleicht fühlt man sich da ja ... ganz gut?«

Ich schluckte.

Martha lehnte sich zurück, sah an die hässliche Plastikabdeckung der Lampen in der Abteildecke und seufzte. »Was denkst du, ist es da unten eher kalt oder warm?«

Darüber hatte ich noch nicht nachgedacht. »Keine Ahnung. In meiner Vorstellung war es … angenehm, weder kalt noch warm?«

»Blubbert es?«

»Nee, eigentlich war es immer still, dieses In-den-Ohren-rauschen-superstill.«

»Und der Wal, also Julius, war der einsam?«

Ich schüttelte langsam den Kopf. Sosehr ich auch grübelte, aber das Gefühl von Einsamkeit hatte ich bei meiner Vorstellung nie gespürt. Das überraschte mich jetzt selbst. »Nee, wirklich … wenn ich versucht habe, mich in Julius reinzudenken, dann hatte ich nie ein Traurigkeits- oder Verlassenheitsgefühl.«

»Aha«, sagte Martha, als hätte sie gerade eine wissenschaftliche Erkenntnis gewonnen. »Dann scheint es doch ganz schön zu sein? So als ließe sich das aushalten. Oder?«

Darüber musste ich nun wieder nachdenken. Aber wahrscheinlich hatte Martha recht. »Wenn es da unten wirklich so ist, doch … dann glaube ich: Ja!«

»Gut, und nun noch ein Punkt!« Martha drehte sich in ihrem Sitz wieder zu mir und sah mich aus schmalen Augen hoch konzentriert an. »Dieses Meer. Wo ist das?«

»Häh?«

»Der Ozean! Ist der in seinem Körper, und der Wal, also Julius, schwimmt da drinnen irgendwo rum? Oder ist der Ozean woanders? Außerhalb von ihm?«

Ich zuckte ratlos mit den Schultern, denn ich hatte keine Ahnung, worauf sie hinauswollte.

Martha schien etwas ungeduldig, als wenn mir das total klar sein müsse. »Mensch, wenn es außerhalb oder woanders ist, dann bedeutet das doch, dass dieser Wal, also Julius, total losgelöst ist von seinem Körper, oder?« Sie breitete die Arme aus, als wenn Julius irgendwo um uns herumschwimmen müsste. »Und dann muss dieser Wal so etwas wie seine Seele sein, oder sein Bewusstsein, nenn es, wie du willst. Auf jeden Fall braucht diese Seele seinen Körper nicht, denn sonst wäre sie ja in ihm drin.«

Ich verdrehte die Augen. »Hast du vergessen, was der Arzt gesagt hat?! Er hat noch nie, in keinem Körper, so etwas wie eine Seele gefunden!«

Martha schob unwirsch den Kiefer vor. »Das ist doch nicht unser Problem, wenn er zwischen seinen Organen keine Ordnung kriegt! Außerdem kann er was übersehen haben. Oder er irrt sich komplett?« Sie kam ganz nah an mich heran, und ihre Stimme hatte einen beschwörenden Unterton. »Es gibt eine Seele. Ich konnte es dir in der Nacht da im Krankenhaus nicht sagen. Aber ich habe es bei meiner Mutter gesehen. Oder besser: *nicht* gesehen! Als sie tot war, fehlte etwas. Da war was raus aus ihr, ohne dass da jemand etwas entnommen hätte, verstehst du? Das war nicht mehr sie, die da lag! Da lag nur noch ihre verkrebste Hülle. Und das Einzige, was aus ihr raus sein konnte, war ja wohl ihre Seele. Und völlig Wumpe, wo die vorher saß – sie war weg!«

So ganz konnte ich das nicht glauben. Ich hatte ja eine Menge Leichen gesehen. Die sahen nie so aus, als wenn da etwas fehlte. Klar, sie waren tot, und das Leben fehlte natürlich … aber sonst? Allerdings hatte ich die vorher auch nicht gekannt und konnte darum schlecht etwas vermissen, was vielleicht mal da gewesen war …

»Mann!«, fuhr Martha auf. »Ich hatte keine Probleme, als der Sarg mit der Hülle meiner Mutter zugenagelt wurde. Klar? Mir war auch egal, dass er in die Erde gelegt wurde, um bei den Würmern zu vermodern. Denn da drin war nicht *sie*! Verstehst du?! Es war einfach nur die Krebshülle! *Sie* war ganz woanders!«

Jetzt musste ich richtig verzweifelt ausgesehen haben, denn Martha hielt mir die Gummibärchentüte hin und sagte: »Du kannst alle Dunkelroten haben. Los, nimm!«

Ich nickte und griff in die Tüte. »Also, du meinst, der Wal ist Julius' Seele?«, hakte ich noch einmal nach und musste aufpassen, dass ich mich nicht an den ganzen Gummibärchen in meinem Mund verschluckte. »Er, ohne Körper?«

»Absolut! Denn das Vieh hat ja keine PEG-Magensonde an seinem Walbauch, oder?«

»Nein.«

»Na bitte, dann kann es nicht *sein* Körper sein. Auch nicht bildhaft wie ein Symbol. Du weißt schon, was ich meine.« Martha atmete tief aus, als hätte sie gerade Schwerstarbeit geleistet.

Ich stopfte einen roten Gummibären nach dem anderen in mich rein. Nach ein paar Minuten warf Martha einen Kontrollblick in die Tüte und nickte zufrieden. »Alle weg, gut. So ... wenn der Wal oder eben Julius' Seele so zufrieden im Ozean vor sich hin schwimmt und dafür überhaupt keine Hülle braucht – ist es dann nicht total egal, ob sein Körper noch bei euch im Wohnzimmer liegt oder nicht?«

»Egal?!« Ich griff ohne Hinzusehen in die Gummibärentüte. *Egal* ging gar nicht! Das war furchtbar! Ekelig! Ich konnte mir beim besten Willen nicht vorstellen, dass es *egal* war, ob mein Bruder oder eben der Körper meines Bruders in unserem Wohnzimmer gepflegt und geliebt wurde – oder nicht. Das ging nicht!

»Nein!«, rief ich. Aber blöderweise war Marthas Überlegung irgendwie logisch: Denn wenn Julius' Seele gar nicht mehr in seinem Körper festsaß, wenn sie tatsächlich magisch losgelöst war und irgendwo herumschwebte – dann brauchte sie wirklich keinen Körper. Aber konnte das sein?! Ich meine, ich vermisste ja nicht Julius' durchsichtige Seele, die irgendwo rumschwebte, sondern ihn im Ganzen! Dass er nicht mehr mit mir über die Crossrampen fuhr, dass er nicht mehr mit mir redete oder auf dem Gartentrampolin tobte! Und dafür, verdammt noch mal, brauchte er einen Körper! Vehement schüttelte ich den Kopf. »Ohne Körper geht das nicht! Außerdem: Wie soll man einen Menschen denn kennenlernen und ihn lieben, wenn man ihn überhaupt nicht sieht, hört oder fühlt? Die Seele braucht einen Körper! Anders geht es nicht!«

»Mmmh«, machte Martha. »Stimmt irgendwie ... Aber vielleicht braucht die Seele den Körper nur am Anfang, um erst mal da zu sein? Um Kontakt zu anderen Menschen aufzunehmen? Und wenn sie gewachsen und fertig ist, dann braucht sie diese Hülle vielleicht nicht mehr? Das kann sich doch mit der Zeit ändern? Und dann ist eben egal, was mit dem Körper ist.«

Ich hatte das Gefühl, verrückt zu werden. Das war alles zu viel. »Nein!«, sagte ich viel zu laut, und einige Leute drehten die Köpfe. »Es kann nicht *egal* sein.«

»Warum?«

»Weil ... es nicht *egal* sein kann, ob man lebt oder tot ist! Es kann nicht *egal* sein, was mit Julius passiert! *Egal* ist das Letzte! Und es hilft mir auch nicht bei meinen Eltern!«

Martha legte einen Finger auf die Lippen und sagte leise: »Ich habe ja auch nicht gesagt, dass es für *euch* egal ist. Ich habe gefragt, ob es nicht für deinen Bruder egal ist. Denn wenn er nichts merkt und glücklich durch die Tiefen des Ozeans gleitet, dann ist ihm vielleicht total schnuppe, ob andere über seinen Körper entscheiden? Vielleicht ist es ihm total gleich, ob seine Hülle bei euch im Wohnzimmer oder unter der Erde bei den Würmern liegt. Solange seine Seele nur frei durch das Meer gleitet.«

Verzweifelt sah ich Martha an. »Aber das mit dem Wal, das ist doch nur in meiner Vorstellung! Das habe ich mir ausgedacht! Vielleicht ist alles ganz anders, und es ist alles ganz furchtbar für Julius?!«

Darauf wusste selbst Martha nichts zu sagen.

18

Den Rest der Gummibärchentüte sprachen wir kein Wort mehr. Und auch nicht während der Wurstbrote, die uns Michel geschmiert hatte. Irgendwann verabschiedeten sich vor meinem Fenster die schroffen Felsen, die Berge wurden flacher und grüner. An den Hängen wuchsen in langen, ordentlichen Reihen Weinreben, und ich konnte wieder in die Weite gucken. Irgendwie beruhigte mich das, aber gleichzeitig musste ich auch wieder an zu Hause denken. Ich hoffte, dass es Julius gut ging. Ich hoffte, dass er sich seit meiner Abfahrt keine Lungenentzündung geholt hatte. Oder Blasenentzündung. Oder was es sonst noch gab und wogegen man ein Antibiotikum nehmen musste. Ich hoffte, dass Mama und Papa sich nicht komplett fertigmachten. Ich hoffte, dass die Sorge um *mich* sie vielleicht auch mal ein kleines Stück zusammenrücken ließ. Das wäre doch nur gerecht, oder?

Nach einiger Zeit tauchten draußen in der Landschaft wieder mehr Häuser auf, sie standen dichter und dichter, bis wir an Hochhäusern vorbeifuhren. Es folgten enge Straßen, Supermärkte, Schulen, und dann hielten wir am

Bahnhof von Verona. Als wir nach einem kurzen Stopp weiterfuhren, wurde die Landschaft ganz flach, fast so wie an der Nordsee. Trotzdem sah es natürlich anders aus: Die Häuser hatten eine quadratische Form und waren in bunten Erdfarben gestrichen. Die Fenster waren schmal, und statt Plastikjalousien hatten sie rechts und links schöne Holzläden. Die Bäume wuchsen eher lang und schlank in die Luft, meist nebeneinander und nicht in Grüppchen, so wie zu Hause.

Ich schielte auf die Uhr eines Mannes in der Reihe vor uns. Es konnte nicht mehr lange dauern, bis wir in Bologna ankämen. Ein Glück, dachte ich, denn ich konnte nicht mehr sitzen, und irgendwie musste ich raus aus diesem Zug.

Kurz nach der italienischen Durchsage – aus dem ganzen Wust an Worten verstand ich nur *Bologna Centrale* – fuhr der Zug in einen Tunnel und hielt an einem unterirdischen Gleis. Wir stiegen aus und folgten dem Strom der Menschen über eine Rolltreppe nach oben und weiter durch einen langen Gang. Die hellgrauen Wände und die engen Treppenaufgänge mit den gelben Schildern, auf denen schwarze Nummern standen, all das erinnerte mich eher an einen Flughafen. Aber als wir über eine weitere Treppe in eine hohe, alte Halle gelangten, sah alles wieder ganz bahnhofsmäßig aus: Zeitungsladen, Getränkestand, hinter einer großen Glasfront ein Tresen, über dem *Biglietteria* und *Ticket Office* stand, und zusätzlich rings um die Halle verteilt standen etwa zwanzig knallrote Fahrkartenautomaten.

»Und?«, brach ich unser Schweigen.

Martha deutete in eine Ecke neben dem Ausgang. »Wir müssen noch einmal das Handy anmachen. Also deins. Bei mir ist ja der Akku leer.«

»Wir sollten die nächsten Stopps jetzt unbedingt mal notieren.«

»Ja.« Martha verzog den Mund. »Dann können wir diese Misttelefone endlich aus lassen.«

Wir hockten uns vor die ockerfarbene, marmorierte Wand, und Martha kramte aus ihrem Rucksack den Block. Ich schaltete mein Handy an und reichte es ganz schnell an sie weiter, damit ich gar nicht erst auf das Display gucken musste. Dann sah ich mich in der wuseligen Halle um.

»Ach du Kacke!«, sagte Martha da und hielt mir mein Handy vor die Nase. »Ich habe aus Versehen nach rechts gewischt, und –«

Ich starrte auf das Display. In der Reihe der Nachrichten-Schlagzeilen waren unter der Ankündigung **›Vermisst: Polizei Hannover sucht Zwölfjährige‹** zwei Fotos zu sehen: eins von Martha und eins von mir. Von mir ein ziemlich blödes, übrigens. Darunter stand, dass wir verschwunden waren, vermutlich abgehauen, und dass man uns zuletzt am Bahnhof in Garmisch-Partenkirchen in einem Hamburgerladen gesehen hatte.

Mein Puls ging sofort auf Presslufthammer-Tempo. »Meinst du, das weiß man hier auch schon?« Panisch schielte ich zu allen Seiten.

»Keine Ahnung«, flüsterte Martha. »Anscheinend haben sie ja noch nicht mitgekriegt, dass wir weiter nach Österreich sind und dann nach Italien …«

»Aber bald!«, hauchte ich, ohne die Lippen zu bewegen. »Denn ganz sicher überprüfen sie jetzt permanent die Kreditkarte.«

Martha nickte. »Und vielleicht ist es besser, wenn ab jetzt niemand mehr hört, dass wir Deutsch sprechen.«

Ich stimmte mit einem knappen »Mmmh« zu.

»Komm.« Martha zog mich vor den nächsten Fahrkartenautomaten. Am unteren Rand des Bildschirms war eine Reihe Flaggen zu sehen, mit denen man die Sprache wählte. Martha drückte auf den schwarz-rot-goldenen Button. Dann schlug uns der Automat ein paar Ziele vor. Eins davon war *Roma Termini*. Ich zeigte darauf und zuckte fragend mit den Schultern.

»Für die ganze Strecke reicht unser Bargeld nicht mehr«, wisperte Martha. »Und ich glaube, es ist echt zu gefährlich, jetzt mit der Kreditkarte ein Ticket bis nach Rom zu kaufen, oder?«

Wahrscheinlich hatte sie recht. Und laut unserem Nahverkehrsplan auf dem Handy sollten wir als nächstes Zwischenziel **Falconara Marittima** anpeilen. Martha musste nur die ersten vier Buchstaben des Wortes eintippen, dann ergänzte der Automat den Rest. Sie wählte zwei Kinderkarten und drückte *Bargeld*. Einen Moment wussten wir nicht, wo wir unseren Schein reinschieben sollten. Da, wo das grüne Licht blinkt, sagte der Automat. Aber dort passten nur Münzen rein. Ich wurde schon nervös, als Martha endlich unter dem Kreditkarteneinschub das Fach für Papiergeld entdeckte. Der Automat schlürfte die beiden Zwanzigeuroscheine ein und meldete dann, dass er jetzt die Tickets drucken würde. Martha stupste mich an und deutete auf die große Abfahrtsanzeige.

Ich verstand sofort. Als ich unseren Zug entdeckt und herausgefunden hatte, von welchem Gleis er fuhr, machte ich wieder nur »Mmh«, denn hinter uns hatte sich eine Frau angestellt.

Martha zog die Tickets aus dem Fach, wir eilten zum Fahrstuhl, fuhren ein Stockwerk hinab und liefen zurück durch den grauen Gang zu unserem Gleis.

Der Regionalzug war nur dünn besetzt. Wir entschieden uns für zwei Plätze ganz hinten, nahe an der Tür zum nächsten Waggon. Die Sitze aus blauem Kunstleder waren bequem. Und man konnte in diesem Waggon sogar die Fenster öffnen, wenn man wollte! Die waren übrigens ziemlich dreckig. Als der Zug losfuhr, drückte ich mich kurz von meinem Sitz hoch und kontrollierte, ob sich auch wirklich niemand in unsere Nähe gesetzt hatte, doch der nächste Fahrgast saß immer noch fünf Reihen weiter. »Wenn der Schaffner kommt, sollten wir so tun, als wenn wir schlafen«, flüsterte ich. »Wir halten einfach nur müde und stumm unsere Tickets hin, wenn er fragt. Ohne ein Wort.«

Martha nickte. »Gute Idee.«

Dann öffnete ich mein Portemonnaie und zählte durch. Wir hatten noch genau 48 Euro und drei Cent. Ich hatte keine Ahnung, wie wir damit noch einen Zwischenstopp finanzieren sollten. Und Essen brauchten wir ja auch. Bis zum Abendbrot würden Michels Brote ganz sicher nicht reichen, wir hatten schon fast alles aufgegessen. Nachdenklich schaute ich nach draußen. In dem Moment öffnete sich plötzlich die Waggontür, und zwei Polizisten stapften herein. Ich boxte Martha gegen das Bein. Sie drückte mich schnell in die Ecke ans Fenster, lehnte ihren Kopf an meine Schulter, sodass die braunen, langen Haare über ihr Gesicht fielen, und tat, als schliefe sie. Schnell schloss ich auch meine Augen. Ich spürte Marthas Haare an meinem Hals. Sie kitzelten. Und ihr Kopf war ganz schön schwer. Trotzdem bewegte ich mich nicht. Auch nicht, nachdem sich die Schiebetür öffnete und schloss und die beiden Polizisten längst an uns vorbeigegangen waren. Auch Martha rührte sich keinen Millimeter. Ich dachte: Wenn die Polizisten keine Notiz von uns nehmen, dann weiß auch kein anderer Mensch, dass wir in Italien sind. Dann sind wir sicher –

und das fühlte sich an, als hätte mir jemand nach einer langen Wanderung einen schweren Rucksack vom Rücken genommen. Für einen Augenblick war es mal nicht anstrengend. Für einen Augenblick hatte ich mal keine Angst. Ich ließ mich in das Polster sinken und gab mich dem sanften Schaukeln des Zuges hin. Ab und zu blinzelte ich durch die halb geschlossenen Lider. Ich sah Häuser, Fußballfelder, kleine Fabriken, Parkplätze. Und dann plötzlich, an einem Fluss oder einer Bucht, strahlend weiße Segeljachten. Als der Zug langsamer wurde, öffnete ich die Augen und sah für den Bruchteil einer Sekunde in eine lange, gerade Straße mit Sonnenschirmen und Läden mit Wasserbällen und Flip-Flops. Ich drückte die Stirn an die dreckige Fensterscheibe. Das sah aus wie Urlaub! Auch die nächsten Straßen waren voll mit Eiscafés und Ständen voller Strandutensilien. Dann hielt unser Waggon direkt vor einem blauen Bahnhofsschild: *Rimini*. Lautlos sagte ich den Namen ein paar Mal vor mich hin. Was für ein schöner Klang: *Ri-mini*. Die Leute, die einstiegen, trugen Badelatschen und hatten Strandtaschen und lustig bedruckte Handtücher unter dem Arm. Als wir aus dem Bahnhof herausrollten, drehte ich sehnsüchtig den Kopf. Wie gern wäre ich noch ein wenig in diese bunte, schöne Ferienwelt eingetaucht … Doch gleich am nächsten Bahnhof sah es wieder aus wie auf einer Urlaubspostkarte! Und dann, kurz bevor wir *Riccione* erreichten, blitzte es zwischen den

Häusern plötzlich silbrig-türkis auf. Ein schmaler Streifen unter einem stahlblauen Himmel.

»Guck mal!« Ich ruckelte an Marthas Schulter. »Das Meer!«

»Kein Deutsch«, zischte Martha, aber dann quetschte sie sich neben mich und versuchte, ebenfalls einen Blick auf das glänzende Band zu erhaschen. Als der Zug in Riccione hielt, konnten wir von unserem Platz aus sogar ein Stückchen Strand sehen. Er war höchstens dreihundert Meter entfernt. Die Straße vom Bahnhof führte direkt darauf zu.

»Früher waren wir jedes Jahr am Meer …«, flüsterte ich. »Immer irgendwo an einem richtig schönen Strand. Mit genau so einem hellen Sand.«

»Ja«, seufzte Martha. »Als es Mama das letzte Mal gut ging, sind wir nach Frankreich gereist. Ans Mittelmeer. Wir sind jeden Tag baden gegangen. Das Wasser war so klar, dass ich ihre blau lackierten Fußnägel sehen konnte, obwohl es schon so tief war, dass ich nicht mehr stehen konnte.«

»Das da ist auch das Mittelmeer«, sagte ich leise und dann, nach einer Pause: »Warst du mal wieder da?«

Martha schüttelte den Kopf.

»Warum macht man, wenn etwas Schlimmes passiert ist, nie mehr all die schönen Dinge, an die man so eine tolle Erinnerung hat?«, fragte ich.

Martha verdrehte die Augen. »Na, warum gehst du

nicht mehr aufs Gartentrampolin, obwohl du das früher so geliebt hast? Weil es dich daran erinnert, dass es nie mehr so sein wird wie früher. Das Schöne macht dich nicht mehr fröhlich, sondern nur noch trauriger. Und weil man das nicht aushält, lässt man es lieber gleich. Zusammen mit den guten Erinnerungen kann man eben auch ein Stück Traurigkeit streichen.«

Ich sah Martha bedrückt an. Nicht dass mich ihre Worte überrascht hatten. Ich wusste es ja selbst, aber plötzlich wurde es mir so glasklar. Und ich fragte mich, ob das jetzt mein ganzes restliches Leben so bleiben sollte? Würde ich bei jedem Meer immer daran denken, wie ich mit Julius Muscheln gesammelt hatte? Wie wir mit der Luftmatratze gepaddelt sind oder geschnorchelt haben? Und würde ich dann immer dieses enge Gefühl im Hals haben? Das das Schlucken und Atmen schwer machte? Andererseits, versuchte ich mich zu beruhigen, hatte ich ja noch ein ganzes Leben Zeit, neue tolle Dinge zu erleben – also, wenn ich nicht plötzlich an einer Kreuzung von einem Laster umgefahren wurde oder Krebs bekam. Dann konnte ich Dinge tun, die ich bisher noch nie gemacht hatte und die mich dann auch nicht an Julius und die Zeit vor dem Unfall erinnern konnten. Trotzdem machte es mich traurig, dass alles andere, was mich vorher glücklich gemacht hatte, für alle Zeiten verbrannt und verdorben war. Ich zog die Beine an, umfasste meine Knie und starrte auf den dreckigen, grauen Abteilboden.

Es musste doch irgendeinen Weg geben, wie man diese Bitterkeit loswerden konnte … Diese klebrige, düstere Masse, die sich über alles drüberzog.

Über den Lautsprecher verkündete der Schaffner den nächsten Bahnhof. Ich verstand nur *Misano Adriatico*. Das klang fast so melodisch wie *Ri-mi-ni*. Und in dem Wort schwangen auch Sonne und Strand mit. Und Eis. Und in dem Moment war mir plötzlich egal, wie viel Geld wir noch im Portemonnaie hatten und ob wir es heute bis nach Rom schaffen würden oder nicht.

»Komm«, sagte ich zu Martha. »Wir steigen aus und gucken, ob wir unsere Füße noch sehen können, wenn wir bis zum Hals im Wasser stehen. Und dann essen wir ein Eis mit drei Kugeln. Und Sahne. Das haben wir nämlich immer im Sommer am Meer gemacht.«

Martha sah mich an, als hätte ich komplett den Verstand verloren.

Der Zug rollte in den Bahnhof ein. »Los!«, drängte ich und versuchte, sie von der Sitzbank zu schubsen.

Martha bewegte sich nicht.

Mit einem lang gezogenen Zischen hielt der Zug.

»Mann!«, schimpfte ich, zog die Beine an und schob Martha mit den Füßen aus der Bank. Kurz bevor sie herunterpurzelte, sprang sie auf. »Okay! Drei Kugeln Eis. Aber ohne Sahne!«

Dann griff sie meine Hand. Wir rannten zur Tür und sprangen im letzten Moment auf den Bahnsteig.

Ich schmeckte sofort das Meer. Und den Wind. Dieser besondere Wind, der nur von ganz weit her über ein großes Meer blasen konnte. Hand in Hand hüpften wir an den paar bunten Scheiben vorbei, die den Bahnsteig von der Straße trennten. Dann rannten wir los, die schnurgerade Straße hinunter, bis zum Strand. Kurz bevor der Sand begann, befand sich ein kleiner Platz, mit lauter Fontänen, die in einem Krakenmosaik aus dem Boden schossen. Wir zogen die Schuhe aus und pesten zwischen den Liegen und Sonnenschirmen hindurch ans Wasser. Große Wälle aus Felssteinen, die weit ins Meer hineinreichten, trennten die Strandabschnitte voneinander ab. Auf einen dieser Wälle warfen wir unsere Rucksäcke, meine Sweatshirtjacke und den Riesenringelpulli, und dann rannten wir mit Anziehsachen ins Meer. Im ersten Augenblick war das Wasser so eiskalt, dass mir die Luft wegblieb, aber dann warf ich mich einfach mitten rein. Die Wellen brachen sich an den Steinwällen und rollten schäumend auf mich zu. Ich sprang hoch, ließ mich ein Stück zurückspülen und fühlte mich für Sekunden wie schwerelos. »Siehst du deine Füße?«, brüllte ich Martha zu.

»Ja!«, kreischte sie lachend zurück.

Im selben Moment wurde ich von einer Welle umgehauen. Mein Kopf tauchte unter. Ich schmeckte Salz und Algen. Es rauschte in meinen Ohren. Ich sah das türkisfarbene, sprudelnde Wasser, den aufgewirbelten Sand, Sonnenstrahlen durchbrachen die Oberfläche, und plötzlich spürte ich ein warmes Glücksgefühl in meinem Bauch. Es war so schön, dass ich nicht mehr auftauchen wollte. Ich wollte es auf keinen Fall verlieren, ich wollte es mit aller Macht festhalten. Um mich herum wurde es leiser, ich rollte mich zusammen, sank zum Grund, meine Beine berührten den sandigen Boden – da riss mich eine heftige Welle zurück und schleuderte mich ins flachere Wasser. Ich schnappte nach Luft. Ich hörte wieder Juchzen und Lachen. Rechts und links von mir tollten Kinder in grellen Badehosen und neonfarbenen Bikinis. Da streckte sich mir eine Hand entgegen. Ich schaute auf und ergriff sie. Martha zog mich hoch, wir sahen uns an – und dann stürzten wir uns laut schreiend in die schäumenden Wellen. Wir tobten so lange im Wasser, bis wir vor Kälte schlotterten. Völlig erschöpft kletterten wir auf den Steinwall. Die Felsbrocken waren von der Sonne aufgeheizt, und wir streckten uns lang aus und wärmten uns. Ich schloss die Augen. Der Geruch von Muscheln und Kokos-Sonnenmilch stieg in meine Nase. Aber es machte mich kein bisschen traurig. Nicht ein Stück. Es war mein Strandtag mit Martha. Und nichts konnte mir den kaputt machen.

»Jetzt ein Eis?«, fragte Martha.

Wir stellten uns in Anziehsachen unter die Stranddusche und wuschen das Salzwasser aus. Danach schlüpften wir jeder ein Mal in Marthas Ringelpulli und zogen uns unter dem riesigen Ding um.

Die nassen Sachen wrangen wir aus und legten sie auf die warmen Steine.

»Die klaut schon keiner«, sagte Martha und zeigte zur Straße. »Da vorn habe ich einen tollen Eisladen gesehen.«

Wir gingen wieder an dem Krakenmosaik vorbei, an dem jetzt eine ganze Horde Kinder in den Pfützen der Fontänen tobte. Ein Stück weiter spielte ein Straßenmusiker auf seiner Gitarre und sang. Wir kauften uns ein dickes Eis – ich nahm Erdbeer, Kinderschokolade und Extradunkle Schokolade, Martha wählte Zitrone, Azur und Joghurt, dann schlenderten wir langsam zum Strand zurück. Plötzlich blieb Martha wie vom Donner gerührt stehen.

»Das ist das Lied von meiner Mutter!«

»Was?«

»Das da – was der da spielt –, das ist das Lieblingslied meiner Mama! Das hat sie mir immer vorgesungen!«

Martha drückte mir ihr Eis in die Hand und ging schnurstracks auf den Mann mit der Gitarre zu. Und dann sang sie einfach mit. Als wär es das Normalste der Welt oder als würde sie dazugehören. Sie kannte den ganzen Text auswendig, und der Mann mit der Gitarre ließ sie einfach mitsingen. Er lächelte sie sogar an, als hätten sie eine geheime Verabredung. Ich hatte keine Ahnung, worum es in dem Lied ging. Aber es klang wunderschön.

19

Als unsere Anziehsachen einigermaßen getrocknet waren, stopften wir sie in unsere Rucksäcke und schlenderten zurück zum Bahnhof. Am Gleis warteten schon ein paar Menschen. Wir stellten uns extraweit weg von dem Treppenaufgang, an dem sich die meisten Leute tummelten. Martha zog das letzte Brot von Michel aus der Tasche, teilte es und reichte mir eine Hälfte. Da fuhr schon der Zug ein, und wir stiegen in das Zweite-Klasse-Abteil. Kurz nach uns betrat ein Junge das Großraumabteil. Er musste etwa so alt sein wie wir. Draußen am Bahnsteig ging parallel eine aufgeregt schnatternde Frau neben dem Zug her und zeigte vehement in unsere Richtung. Der Junge nickte etwas genervt, winkte und bedeutete – wohl seiner Mutter –, sie solle endlich verschwinden. Er schien fast erleichtert, als der Zug sich in Bewegung setzte. Dann kam er auf uns zu. Er setzte sich in die Reihe vor uns, linste zwischen den Sitzen hindurch und sagte: »Hallo.«

Stumm starrten wir auf das braune Auge zwischen den blauen Kunstlederbezügen.

»Ihr kommt doch aus Deutschland«, stellte er fest.

Ich erstarrte. Offensichtlich suchte man uns auch schon in Italien! Martha trat mir gegen das Bein, dann zuckte sie mit einem fragenden Ausdruck die Schultern, als hätte sie nicht verstanden, was der Junge gesagt hatte.

»Siete dalla Germania! Guardate gli vostri zaini!«

Wir verstanden kein Wort und rührten uns nicht.

»So, eins ist ja jetzt wohl klar: Ihr könnt kein Italienisch. Nun tut nicht so, als würdet ihr mein Deutsch auch nicht verstehen.«

Marthas Miene blieb versteinert. Ich war nicht sicher, ob das ein guter Plan war. Denn wenn der Junge wütend wurde und den Schaffner ansprach, dann bekamen wir ein echtes Problem. Jetzt fixierte er Martha und starrte ebenso cool wie sie. »Auf seinem Rucksack steht: Basketball im Turnklub zu Hannover.«

»Scheiße!«, entfuhr es Martha, dann haute sie mir ihren Ellenbogen in die Seite. »Dreh das Ding um, damit man die Schrift nicht lesen kann!«

Der Junge grinste. »Sag ich doch. Ihr seid deutsch.«

Ich beugte mich vor und sah ihn bittend an. »Aber das darf keiner wissen!«

»Wieso?« Er kniete sich hin und schaute nun von oben über die Sitzlehne.

Ich warf Martha einen fragenden Blick zu. Sie winkte seufzend ab. »Ist jetzt auch egal. Wenn er uns verpetzen will, dann tut er das sowieso.«

Aber irgendwie wirkte der Junge nicht wie eine Petze auf mich, und darum sagte ich zu Martha: »Oder er hilft uns?«

»Wobei?« Der Junge schien interessiert.

»Das ist Martha, und ich bin Bela«, erklärte ich, und dann erzählte ich, warum wir unbedingt nach Rom mussten, um dem Papst ein paar wichtige Fragen zu stellen.

Francesco – so stellte sich der Junge vor – fand unseren Plan absolut logisch. Er sah nur ein Problem: »So eine Audienz kriegt man nicht einfach. Aber es ist ein Zeichen, dass wir uns ausgerechnet heute begegnet sind! Ihr müsst mit mir kommen! Denn wenn es jemanden gibt, der euch helfen kann, den Papst zu treffen, dann ist es die heilige Rita!«

Francesco war, wie sich nach zwei Minuten rausstellte, ziemlich katholisch. Und er konnte so gut Deutsch, weil sein Vater Deutscher war. Vor drei Jahren hatten sich seine Eltern getrennt, und er war mit seiner Mutter zurück nach Italien gezogen. Jetzt war er auf dem Weg zu seiner Oma. In deren Heimatstadt sollte nämlich am nächsten Tag das große Fest der heiligen Rita stattfinden. »Und heute, am Abend vor Ritas Todesstag, findet die riesige Prozession mit Tausenden Fackeln statt!«, erklärte Francesco begeistert.

»Todestag?« Martha sah ihn verständnislos an. »Wie soll uns diese Rita denn helfen, wenn sie tot ist?!«

»Sie ist heilig! Und sie ist in unserer Kirche aufgebahrt. Sie ist die Schutzpatronin der hoffnungslosen Fälle. Also genau für solche wie euch!«

»Halleluja!«, stöhnte Martha.

Auch wenn Francescos Geschichte sehr merkwürdig klang, fand ich es doch interessant mit dieser toten Schutzpatronin. »Wie geht das genau?«, hakte ich nach. »Wie schafft man es, dass diese Rita einem hilft?«

»Beten.«

»Wow! Das ist ja mal was ganz Neues.« Martha zog verächtlich einen Mundwinkel hoch. »Und woher weiß man, dass das dann geholfen hat?«

Francesco ließ sich nicht von Martha provozieren und antwortete mit ernster Stimme: »Rita hat schon Unmögliches vollbracht! Sie hat Todgeweihte von schlimmen Krankheiten befreit. Eltern, denen die Ärzte gesagt haben, dass sie nie ein Kind kriegen können, haben plötzlich Zwillinge geboren. Und noch vieles mehr! Seit Hunderten von Jahren!«

»Hunderte von Jahren? Wie lang ist die denn schon tot?«, fragte Martha entsetzt.

»Sie ist 1447 gestorben.«

»Sie ist seit über fünfhundert Jahren tot und liegt immer noch in dieser Kirche rum?!« Martha war fassungslos. »Wie gruselig ist das denn?!«

»Gar nicht. Sie liegt in einem gläsernen Sarg, umgeben von Rosen.«

»Wie Schneewittchen, oder was?« Martha fasste sich an den Kopf.

»Und muss man diese Rita direkt anbeten?«, versuchte ich wieder auf den Punkt zu kommen.

Francesco nickte. »Man stellt oder kniet sich vor ihren Sarg und bittet sie um Hilfe. So haben es jedenfalls alle andern gemacht.«

»Beten ...«, wiederholte Martha noch einmal. »Zu einer Toten in einem Glaskasten ...«

»Einen Versuch ist es doch wert«, probierte ich Martha zu überzeugen. Denn in einem stimmte ich Francesco absolut zu: Es konnte kein Zufall sein, dass wir ihn ausgerechnet jetzt trafen! Genau in dem Moment, wo wir gesucht wurden und kaum noch Geld hatten – und er zur Schutzpatronin der hoffnungslosen Fälle fuhr! »Los, es kann doch nicht schaden!«

»Eben«, sagte Francesco. In dem Moment kam der Schaffner rein, und Martha und ich hielten augenblicklich den Mund.

»Gebt mir eure Fahrkarten«, flüsterte Francesco. »Ich regle das.«

Das Einzige, was ich bei dem nun folgenden italienischen Wortwechsel zwischen dem Schaffner und Francesco verstand, waren die Wörter *Rita, Nonna, Monaco* – und dann *Germania*!

»Wenn er uns verrät, bring ich ihn um«, zischelte Martha.

In dem Moment lächelte uns der Schaffner zu, sagte noch zwei Sätze auf Italienisch und machte kehrt.

»Hast du ihm etwa gesagt, dass wir aus Deutschland kommen?«, fuhr Martha Francesco an, als der Schaffner den Waggon verlassen hatte.

»Ich habe ihm erzählt, dass ihr mein Cousin und meine Cousine aus München seid und dass wir auf dem Weg zu unserer Oma nach Cascia sind, zum Festtag der heiligen Rita.«

»Toll! Jetzt weiß er, dass wir aus Deutschland kommen!«

»Er hat euch gelobt, dass ihr zu Ehren von Rita anreist!«

Martha atmete tief ein und aus, dann sah sie mich mahnend an. »Ich weiß nicht, ob das alles so klug ist.«

»Ich glaube, wir sollten Francesco vertrauen und mit ihm fahren.« Dann drehte ich mich zu ihm. »Wie weit ist es von Cascia nach Rom?«

»Vom Bahnhof Spoleto keine zwei Stunden.«

»Und wie weit ist es von Cascia nach Spoleto?«, fragte Martha gereizt.

»Mit dem Bus vielleicht eine Stunde.«

»Hast du eine Idee, wo wir übernachten können?«, fragte ich. »Ohne aufzufallen und billig. Wir haben nämlich kaum noch Geld.«

Francesco sah mich fassungslos an. »Ihr schlaft natürlich bei meiner Oma!«

»Das erlaubt die?«

»Klar! Wenn sie hört, was deinem Bruder passiert ist und dass du den Papst um Rat fragen willst, dann hilft sie euch sofort!«

Martha konnte das nicht glauben. »Und sie verrät uns ganz bestimmt nicht?«

»Das würde sie niemals tun!« Francesco schüttelte heftig den Kopf. »Sie würde niemals verhindern, dass ihr zum Papst kommt! Hey, die Idee könnte von ihr selbst stammen!«

»Siehste«, sagte ich zu Martha und dachte, ein Glück, dass Francesco und seine Familie so katholisch waren. Denn meine Oma hätte garantiert als Erstes die Polizei gerufen.

»Okay«, stimmte Martha schließlich zu. »Tut mir leid, dass ich ein bisschen zickig bin. Aber wir können absolut nicht riskieren, dass uns jemand auf den letzten Metern aufhält. Das verstehst du, oder?«

»Klaro.«

»Und jetzt erzähl mal, wie das da so abläuft mit dieser Lichterprozession und dem Beten.«

So wie Francesco es schilderte, musste es wie im Traum sein: Der ganze Weg von Ritas Geburtshaus bis zu der Kirche, wo sie in ihrem Sarg lag, wurde am Abend vor ihrem Tod mit Fackeln beleuchtet. Und dann liefen ihre Anhänger ebenfalls mit Kerzen und Fackeln ausgerüstet die Strecke ab. Es sollte ein Strom von Lichtern sein, der durch die steilen, engen Gassen von Cascia die Berge hinauf zu Rita floss. »Tausende Lichter!«, schwärmte Francesco. »So etwas habt ihr noch nicht gesehen!«

»Wow«, sagte Martha. »Das klingt echt spannend. Ganz egal, ob unser Gebet zu Rita was bringt oder nicht.«

20

Als wir in Spoleto ankamen, hingen schwere, graue Wolken am Himmel, und die Straße vor dem Bahnhofsgebäude glänzte regennass. In einigen Kuhlen des Asphalts hatten sich Pfützen gesammelt, und ab und zu platschten noch ein paar Tropfen in die Lachen und schlugen weite Kreise.

»Gebt mir zwei Minuten«, sagte Francesco und eilte auf einen alten, roten Fiat zu, in dem eine Frau mit tiefschwarzen Haaren saß. Mehr konnte ich durch die regenverschlierten Scheiben nicht erkennen.

Francesco stieg auf der Beifahrerseite ein und begann sofort zu reden. Nach vier Minuten bekam ich ein mulmiges Gefühl. Vielleicht war seine Oma doch nicht so katholisch und so begeistert von unserem Plan, wie Francesco geglaubt hatte?

Da flog endlich die Fahrertür auf. Francescos Oma stieg aus dem Wagen und marschierte mit energischen Schritten auf mich zu. Ich wollte gerade zurückweichen, da breitete sie die Arme aus und drückte mich mit aller Kraft an ihren Busen. Dabei sprach

sie ununterbrochen auf Italienisch, und es klang entschuldigend, mitleidig und aufgeregt auf einmal. Dann strich sie mir liebevoll über das Haar, drehte sich zu Martha und tat dasselbe mit ihr.

»Sie will ebenfalls für deinen Bruder bei Rita beten«, erklärte Francesco und hielt die Autotür auf.

»Danke«, sagte ich zu seiner Oma.

»Grazie«, übersetzte Francesco, und seine Oma lächelte.

»Okay«, sagte Martha. »Steigen wir ein!«

Wir kletterten auf die Rückbank und schafften uns zwischen alten Zeitungen, leeren Wasserflaschen und Plastiktüten etwas Platz. Dann gab Francescos Oma Gas. Sie brauste mit so ungeheuerlichem Tempo über die gewundenen Straßen die Berge hinauf, dass mein Magen laut zu grummeln begann. In manchen Kurven hatte ich das Gefühl, dass wir nur noch auf zwei Rädern fuhren. Ganz schlimm wurde es, wenn ein Laster uns entgegenkam. Dann hielt ich nur noch die Luft an und schloss die Augen.

»Klar, dass die bei dem Fahrstil eine Schutzheilige für hoffnungslose Fälle brauchen«, stöhnte Martha.

Bald darauf setzte auch noch starker Regen ein. Und zwar einer von der Sorte, den selbst die stärkste Stufe des Scheibenwischers kaum schaffte. Der so laut auf das Autodach platterte, dass man kaum noch den Motor hörte.

»Wie kriegen die bei dem Pisswetter denn die Fackeln an?«, fragte Martha leise. Ich antwortete nicht. Ich starrte durch die Scheibe auf die Straße und konzentrierte mich darauf, nicht zu brechen.

Irgendwann ließ der Regen etwas nach. Es dampfte aus den üppigen, grünen Wäldern, und wir fuhren wieder bergab. Plötzlich sahen wir durch den Nebel und Nieselregen das Städtchen Cascia. Es sah genauso aus, wie Francesco es beschrieben hatte: Der Ort lag an einem steilen Hang mitten in den Bergen. Gleich in der ersten scharfen Kurve ging links eine Straße zum Kloster und zur Kirche ab. Davor stand ein Absperrgitter, und dahinter parkten zwei Krankenwagen und mehrere Polizeiautos. Die Oma steuerte daran vorbei, weiter den Berg hinab. Von einem großen Parkplatz, auf dem viele Busse standen, kamen uns Fußgänger mit Regenschirmen entgegen. Die Oma drosselte das Tempo, und nun entdeckte ich rechts und links im Rinnstein, in einem Abstand von jeweils zwei Metern, kleine Metalleimer mit großen Wachsfackeln. In den meisten Bottichen stand das Wasser bis zum Rand, und nur noch ein kleines Ende des Dochts ragte heraus.

Noch eine Kurve weiter setzte die Oma den Blinker und lenkte in eine kleine Gasse hinein. Sie steuerte dicht an eine raue, aus groben Felssteinen gemauerte Hauswand und hielt. Vereinzelt klatschten immer noch dicke Tropfen auf die Windschutzscheibe. Oma fluchte und zeigte zum Himmel. Francesco drehte sich in seinem Sitz um und übersetzte: »Wenn das so weiterregnet, kann die Prozession nicht stattfinden.«

»Das kann doch nicht sein!«, stieß Martha enttäuscht aus.

Die Oma grummelte noch ein paar Sätze auf Italienisch, Francesco nickte zustimmend und wandte sich beruhigend an Martha. »Keine Sorge. Oma gibt uns jetzt Regensachen, und wir gehen direkt in die Kirche und bitten Rita um Hilfe. Dann können wir in Ruhe die Ankunft der Prozession angucken. Vielleicht kriegen sie die Fackeln ja doch an? Auf jeden Fall wird die Motorradstaffel der Polizei die Strecke von Ritas Geburtshaus zur Kirche abfahren. Und meistens finden sich auch ein paar Fackelträger, die hinterherlaufen.«

»Okay«, sagte Martha, und auf »Uno, due, tres« sprangen wir aus dem Auto und rannten zu der großen, schweren Tür des alten Hauses.

Von innen sah es fast wie eine Burg aus: Im Flur waren die Wände aus denselben groben Steinen gemauert wie außen. Die Möbel waren dunkel und riesig. Ich hatte noch nie einen so monströsen Schrank gesehen. Aus diesem Trumm zog die Oma nun Regenjacken und Schirme.

»Wir sollen gleich losgehen«, erklärte Francesco und öffnete die Tür. »Oma muss noch etwas fürs Essen vorbereiten.«

Martha stupste mich begeistert in die Seite. »Die kocht bestimmt super!«

Francesco führte uns über schmale Treppen und durch enge Gassen bergan. An den Häusern waren ebenfalls Fackelständer befestigt, und überall dort, wo ein Vordach Schutz bot, loderte eine kleine Flamme, ein warmes, gelbliches Licht, das irgendwie alles sehr mittelalterlich aussehen ließ. Leider waren die Fackeln auf den vielen Treppenstufen fast alle vom Regen erstickt.

Als wir schon wieder ziemlich weit oben am Berg angelangt waren, standen wir plötzlich vor einer supermodernen Rolltreppe. Sie sah zwischen den ganzen alten Häusern total unwirklich aus. »Wahrscheinlich für die hoffnungslosen Fälle gebaut«, vermutete Martha. Wir fuhren das letzte Stück hinauf und standen plötzlich unter großen Arkaden, die von mächtigen, verzierten Säulen gehalten wurden. Allmählich fand ich auch meine Orientierung wieder. Wir waren direkt an der Straße gelandet, die auf die Kirche zuführte. Ich war ziemlich beeindruckt. Es sah alles so prächtig aus! Man hätte sich gut vorstellen können, dass gleich ein König in seiner Kutsche hier vorfuhr – wenn man sich mal die Polizeiautos und die Leute in ihren modernen Anziehsachen wegdachte. Eigentlich erinnerte mich der ganze Ort an so Mittelalter-Fantasy-Serien wie *Game of Thrones*. Das hatte Julius immer heimlich geguckt.

Francesco bahnte uns einen Weg durch die Leute. Nun

konnte ich auch auf die andere Straßenseite hinübersehen. Dort hatten sich unter den Arkaden Spielmannszüge und Blaskapellen in bunten Uniformen versammelt. Dazwischen standen Männer und Frauen mit grün-weiß-roten Schärpen um den Bauch. Sie trugen große Fahnen, die ebenfalls aussahen, als stammten sie noch aus dem Mittelalter.

Wir drängelten uns weiter vor bis an den kleinen Platz vor der Kirche und sausten die breite Treppe hinauf bis unter das riesige Portal. Dort schlossen wir unsere Schirme und betraten die Kirche. Sie war groß und hoch und wahnsinnig bunt ausgemalt. Die Kuppel war knallblau, und über die Wände flogen Engel in farbenfrohen Kleidern. Überall war Gold, und die Säulen glänzten von tiefgrünen Mosaiksteinchen. Ich war wie geblendet und total überrascht, denn die Malerei sah ziemlich modern aus – überhaupt nicht mittelalterlich.

Langsam ging ich zwischen den breiten Bankreihen auf den Altar zu. Er bestand aus einem gigantischen, verschlungenen Dornengeflecht aus Bronze. Davor diskutierten ein paar Frauen und Männer in gelben Ordnerleibchen. Ein Priester in einer braunen Mönchskutte eilte aufgeregt gestikulierend von rechts nach links und erteilte Anweisungen. Besonders würdevoll war das nicht. Dieses Gewusel erinnerte mich an die Bahnhofshallen, die wir in den letzten Tagen gesehen hatten – aber nicht an eine Kirche!

»Hey, guck mal nach links«, sagte Martha da. Ich drehte mich um. Im Seitenschiff, hinter einem hohen Gitter, stand auf einem riesigen Sockel ein gläserner, von Rosen umrankter Sarg. Eine große Menschentraube drängte sich vor der Absperrung, manche drückten ihre Stirn fest gegen das Metall und beteten.

»Lass uns näher rangehen«, sagte ich. Es dauerte eine Weile, bis wir uns bis ganz nach vorn an das Gitter durchgekämpft hatten. Da erst konnte ich Rita richtig sehen: Sie lag in einer schwarzen Nonnentracht in ihrem gläsernen Sarg und war unglaublich zart und klein. Ihre Hände, die sie zum Gebet verschränkt hielt, ruhten auf einem Kissen auf ihrem Bauch. Auch unter ihre Füße war ein Kissen geschoben. Eine lederne, braune Haut zog sich über ihr Gesicht. Durch die Hände lugten schon die Knochen, und es sah wirklich ein bisschen gruselig aus. Aber irgendwie auch schön. Sie hatte etwas Majestätisches und sah wirklich ein bisschen aus, wie man sich Schneewittchen in ihrem Glassarg vorstellte.

»Ich glaube, das ist jetzt der Moment, wo man beten muss«, sagte Martha und faltete ihre Hände. Und ganz automatisch tat ich das auch.

Ich wollte dafür beten, dass wir eine Audienz beim Papst bekämen. Dass wir ihn fragen könnten, was richtig und was falsch ist. Ich wollte um eine Antwort bitten, damit der Streit zwischen meinen Eltern endlich aufhörte. Doch stattdessen sagte ich lautlos in meinem

Kopf: »Bitte, liebe Rita, wenn du wirklich für die hoffnungslosen Fälle da bist, dann lass meinen Bruder wieder aufwachen.«

Denn das wünschte ich mir immer noch mehr als alles andere.

21

Das Gedränge vor Ritas Gitter wurde von Minute zu Minute heftiger. Ständig rückten von hinten neue Bittsteller nach und drückten mich an den Rand. Ich sah zu Martha, die komplett zwischen einer Gruppe Rentner eingeklemmt war. »Fertig?«, rief sie mir zu. Ich nickte und konnte gerade noch einen letzten Blick auf Rita erhaschen – da schob mich ein dicker Mann grob beiseite, um Platz für eine Rollstuhlfahrerin zu machen. Martha befreite sich aus ihrem Rentnerpulk und zeigte ans andere Ende des großen Gitters. »Komm, da vorn gibt es auch noch irgendetwas.«

In dem Moment entdeckte auch ich die Öffnung, hinter der eine sehr lebendige Nonne saß. Sie reichte jedem Bittsteller ein paar Rosenblätter und eine Postkarte. Vorsichtig nahm ich die zarten Blättchen entgegen und steckte sie in die Hosentasche. Dann betrachtete ich die Karte: Auf der einen Seite stand ein italienisches Gebet, auf der anderen Seite war ein Bild von Jesus, der umgeben von Engeln vor seinem Kreuz saß. Irgendwie bereiteten mir diese Geschenke und die ganze Stimmung ein merkwürdiges Gefühl. Ich war jetzt nicht beseelt oder erleuchtet, eher war mir so mulmig zumute, als hätte ich etwas Unanständiges getan. Auf jeden Fall war irgendetwas mit mir passiert. Aber was, das konnte ich auch nicht sagen.

Francesco erwartete uns an dem kleinen Seitenausgang der Kirche. Mittlerweile war es draußen stockdunkel, und der Regen prasselte wieder mit einer solchen Wucht vom Himmel, dass unsere Schirme den Wassermassen kaum standhalten konnten. Wir suchten uns vor dem Portal auf dem großen Treppenabsatz einen Platz zwischen den Würdenträgern mit den grün-weiß-roten Schärpen. Von hier oben hatten wir den besten Blick auf die lange Straße, die schnurgerade zwischen den Arkaden auf die Kirche zuführte. Leider sorgten die Ordner, die vorher im Altarraum solchen Alarm gemacht hatten, jetzt hier für Chaos: Ständig diskutierten sie mit den Polizisten, die dann mit den Priestern in den braunen Mönchsgewändern verhandelten, die wiederum mit den Ordnern sprachen, die dann in ihre Funkgeräte brüllten. Das Wasser floss jetzt in Strömen zwischen den riesigen Sonnenmarkisen hindurch, die sich über den Vorplatz spannten, und die Pfützen weiteten sich allmählich zu einem einzigen See aus. Plötzlich schallte ein Befehl aus der Menge, und eine Gruppe Trommler in mittelalterlichen Kostümen hastete auf den Platz. Innerhalb von Sekunden waren ihre Kostüme durchnässt. Unbeirrt von dem strömenden Regen, hob der erste Trommler seinen Klöppel, und dann ging es los. Die donnernden Schläge ließen meinen ganzen Körper vibrieren, es wummerte in meinem Bauch, und es wurde immer stärker und schneller, als rasten wir direkt auf einen superdramatischen Höhepunkt zu. Wir reckten die Hälse und hielten Ausschau nach den Fackelläufern – da brüllte plötzlich wieder jemand ein Kommando, und etwas unsortiert verstarb das Trommeln. Die Musiker machten kehrt und retteten sich im Laufschritt unter die Arkaden. Dann passierte eine Weile nichts, bis nach zehn Minuten wieder ein Kommando über den Platz schallte, die Trommler zurück auf ihre Positionen eilten und von vorn loslegten. Nach drei Minuten setzte jetzt ein Spielmannszug ein, die Fahnen wurden hochgerissen – doch dann wurde wieder alles abgeblasen.

»Da sind ja unsere Bundesjugendspiele besser organisiert«, flüsterte mir Martha zu.

»Es geht gleich los«, versicherte Francesco. »Das ist der Regen, der alles durcheinanderbringt.«

Eine weitere Viertelstunde passierte nichts, dann starteten die Trommler zum dritten Mal durch, der Spielmannszug setzte ein, Fanfaren dröhnten über den Platz, und endlich fuhren in einer Dreiecksformation zwölf Polizeimotorräder mit aufgerissenen Scheinwerfern und Blaulicht auf uns zu. Die Menschen jubelten und applaudierten. Hinter den Motorrädern erkannten wir nun im strömenden Regen die Läufer in Sportkleidung. Sie trugen große Gasfackeln. Ein Mann stürmte voran, zwischen den Motorrädern hindurch, er sprang in großen Sätzen die Treppe hinauf, die Menge jubelte, mit großer Geste schwang er die Fackel und entzündete die riesige Feuerschale vor der Kirche. Flammen loderten auf. Jetzt marschierten die restlichen Spielmannszüge und Fahnenträger unter den Arkaden hervor. Der ganze Platz war mit Musik erfüllt. Menschen in bunten Kostümen und unzählige Schärpenträger rückten unter den Arkaden zur Kirche vor. Unter ihnen waren übrigens jede Menge Frauen. Auf ihren hohen Stöckelschuhen schlidderten sie über das Pflaster und balancierten erstaunlich geschickt die glitschigen Treppenstufen hinauf. Wir reihten uns in den Tross mit ein und folgten ihnen in die Kirche.

Während nun alle möglichen Leute Grußworte, Gebete oder sonst etwas sprachen – ich verstand ja kein Wort –, lehnte ich mich an eine der dicken, grünen Säulen und schaute hinauf in die ozeanblaue Kuppel. Ich hatte keine Ahnung, ob mein Gebet irgendetwas gebracht hatte, aber ich war froh, dass wir es versucht hatten. Ich war ganz tief überzeugt, dass es richtig gewesen war, Francesco zu folgen.

»Kommt«, flüsterte mir da Francesco zu. »Wir müssen zurück, sonst verkocht noch das Essen, und Oma wird sauer.« Ich fand, das war ein guter Grund, Rita und die Kirche jetzt zu verlassen.

Der Esstisch im Wohnzimmer der Oma war genauso gigantisch-wuchtig wie der Schrank im Flur. »Auf diesem Monsterding kann ja ein Riese 'nen Stepptanz machen«, rief Martha. Das wäre im Moment allerdings ungünstig gewesen, denn das klobige Ding stand voll mit Platten und Schüsseln, die mit den leckersten Sachen gefüllt waren: eingelegte Paprika, gebratene Auberginen, Salat mit Nüssen, Schinken, hauchdünn geschnittenes Fleisch und kleine, silbrig glänzende Fische.

»Das ist ja noch mal was anderes als Michels Nudelsuppe«, stellte Martha anerkennend fest. Oma entzündete die Kerzen in den großen Leuchtern, und dann begannen wir zu essen. Ich war schon pappedickevoll, da sagte Francesco: »Primi – das war die Vorspeise. Jetzt kommt Pasta.«

Und dann deckte uns die Oma dampfende Teller mit Spaghetti und hauchdünn geraspelten Pilzen auf: Tartufo.

»Trüffel«, übersetzte Francesco, »das ist eine Spezialität in dieser Gegend.«

Ich schnupperte. Es roch eigenartig und schmeckte anders als alles, was ich bisher gegessen hatte. Dann kam der Hauptgang mit Fleisch, Kartoffeln und Gemüse und zum Abschluss Pannacotta. Ich war kurz davor zu platzen, und Martha stöhnte völlig erschöpft: »Ich weiß nicht, wann ich das letzte Mal so lecker gegessen habe.«

Wir schafften es gerade noch, uns die Zähne zu putzen und unsere Handys an die Ladekabel zu hängen, dann fielen wir in die alten, knarzenden Betten des Gästezimmers und schliefen auf der Stelle ein.

Am nächsten Morgen erwachte ich von einem lauten Klopfen. Francesco stand im Zimmer und schlug mit den Knöcheln rhythmisch gegen die Tür. Schlaftrunken richtete ich mich auf. Francesco sah ziemlich besorgt aus. »Mann, ich dachte schon, ihr schlaft ewig!«

»Ist was passiert?«, fragte ich beunruhigt.

»Ihr wart eben in den Frühnachrichten. Eine Kamera am Bahnhof Bologna hat euch aufgenommen. Ihr werdet gesucht.«

»Scheiße!« Ich ließ mich wieder rückwärts in die Kissen fallen. »Warum jetzt? Wir haben es doch fast geschafft! Es sind doch nur noch drei Zugstunden bis zum Papst!«

»Und wir haben zu Rita gebetet!« Marthas Stimme klang vorwurfsvoll, und ehrlich gesagt war ich auch ein bisschen enttäuscht, obwohl ich insgeheim zugeben musste, dass ich ja nicht um eine Audienz beim Papst gebeten hatte.

»Konnte man uns gut erkennen?«, fragte Martha.

Francesco zuckte mit den Schultern. »Na ja, schon irgendwie …«. Er zeigte auf den Ringelpulli, den Martha zu einem Kissen unter ihrem Kopf zusammengeknüllt hatte. »Den würde ich ab jetzt nicht mehr anziehen.«

»Das geht nicht«, sagte Martha entschieden.

»Martha, bitte!« Ich sah sie flehend an. »Mit dem Pulli sind wir super auffällig. Wir müssen uns irgendwie verändern oder verkleiden, wenn wir es bis zum Papst schaffen wollen!«

»Du kannst gern einen Pulli von mir haben«, bot Francesco an.

»Das ist nicht das Problem«, erklärte ich schnell und sah wieder zu Martha.

Sie senkte die Augen und schüttelte den Kopf. »Es geht wirklich nicht, tut mir leid.«

»Okay«, lenkte ich ein. »Aber dann musst du irgendetwas darüberziehen.«

Martha nickte.

Beim Frühstück zeigte uns Francesco die Nachrichtensendung noch einmal auf seinem Tablet. Man musste kein Italienisch können, um den Bericht zu verstehen. Ein Sprecher sagte mit ernster Stimme etwas mit *bambini,* und dann wurden unsere Fotos eingeblendet. Direkt im Anschluss zeigten sie die Kamerabilder vom Bahnhof in Bologna und dann eine Telefonnummer, unter der sich jeder melden konnte, der uns gesehen hatte.

»Die suchen uns, als wären wir Schwerverbrecher«, beschwerte sich Martha.

»Das ist wirklich richtig, richtig großer Mist«, sagte ich leise und drehte mich zu Francesco. »Könntest du uns vielleicht irgendwelche Anziehsachen geben?«

Er nickte. »Klar! Und Oma hat schon eine Idee, wie ihr hier unauffällig wegkommt.«

Als Erstes tauschte ich mit Francesco die Rucksäcke. Ich gab ihm den alten Basketballrucksack von Julius mit der Vereinsaufschrift, dafür bekam ich seinen schwarzen von Nike. Hosen mussten wir nicht tauschen – wir trugen ja beide Jeans. Aber ich bekam noch eine Sweatshirtjacke und ein Käppi, auf das der Name seiner italienischen Schule gedruckt war. Das war richtig gut, denn damit hielt mich erst einmal jeder für einen Italiener. Martha probierte Omas Regenjacke über. Die war zum Glück lang genug, um den Ringelpullover zu verdecken. »Ich setze auch die Kapuze auf, wenn's nötig ist«, versprach Martha.

»Aber nicht im Petersdom!«, mahnte Francesco.

Martha rollte mit den Augen. »Jaaa, keine Sorge.«

»Vielleicht sollten wir ab jetzt mit ein bisschen Abstand voneinander durch die Gegend gehen«, überlegte ich. »Die suchen ja alle nach *zwei* Kindern.«

»Gute Idee!« Martha knuffte mir in die Seite. »Und nun guck nicht so besorgt, das fällt nämlich auch sofort auf.«

Dann übersetzte uns Francesco den Plan seiner Oma: Wir sollten schnell aus Cascia raus, denn ihrer Meinung nach war es nur eine Frage der Zeit, bis sich jemand an uns erinnerte und sich bei der Polizei meldete. Zufälligerweise musste ein Freund von ihr, Massimo Alberti, nach Orte, einem Städtchen kurz vor Rom, um dort Salami und Trüffel auszuliefern. Er würde uns hinten in seinem Transporter mitnehmen. »Von Orte ist es dann nur noch eine halbe Stunde Zugfahrt bis zum Bahnhof Roma Termini«, erklärte Francesco.

»Danke für eure ganze Hilfe.«

Francesco lächelte. »Oma hat bei Rita für euch gebetet, und sie ist absolut sicher, dass euch der Papst eine Audienz gewähren wird. Sie sagt, Gott hat euch hierhergeführt, und er wird euch weiter führen. Und sie ist dankbar, dass sie euch helfen konnte.«

Martha stand auf und umarmte die Oma, und für einen Moment war es in der Küche ganz still, bis auf das Ticken der kitschigen Porzellanuhr mit dem Heiligenbildchen. Dann packte die Oma Wurst, Käse und süßes Gebäck in unsere Rucksäcke, und Francesco prüfte, ob die Luft vor der Tür rein war. Auf seinen Pfiff hin huschten wir aus dem Haus, hechteten direkt auf die Rückbank des alten Fiats und duckten uns. Francesco nahm auf dem Beifahrersitz Platz, Oma stieg ein und gab Gas. Im Rennfahrertempo sausten wir bergab. In den Kurven wurden Martha und ich hin und her geschleudert, und ich schaute angestrengt aus dem Fenster, in die grünen Berge, damit mir nicht wieder übel wurde.

»Findest du es nicht merkwürdig, dass wir ausgerechnet jetzt, nachdem wir bei Rita waren, im Fernsehen gesucht werden?«, wisperte Martha.

»Na ja, wer weiß, ob sie uns nicht schon geschnappt hätten, wenn wir nicht bei Rita gewesen wären?«, entgegnete ich.

»Du glaubst echt daran, dass das funktioniert, oder?« Martha sah mich bohrend an.

»Ich weiß nicht«, antwortete ich gedehnt. »Aber es wäre doch schön, wenn sie wirklich den hoffnungslosen Fällen helfen könnte.«

»Ja«, seufzte Martha. »Vielleicht will die alte Rita es auch nur ein bisschen spannend machen? Damit man hinterher so richtig dankbar ist?«

»Meinst du, die hat nichts Besseres zu tun?« Ich zeigte ihr einen Vogel.

»Selber«, sagte Martha und zeigte mir grinsend einen Vogel zurück.

Eine ganz lange Zeit fuhren wir weiter bergab, dann bog die Oma in einen rumpeligen Feldweg ein. »Ihr könnt hochkommen«, sagte Francesco.

Ich tauchte auf und sah am Ende des Weges einen großen Bauernhof. Vor dem Haus wartete ein braun gebrannter, kerniger Mann neben einem kleinen Transporter. Mit quietschenden Reifen kam die Oma zum Stehen.

»Massimo«, stellte sie vor, nachdem wir ausgestiegen

waren. Wir reichten Massimo die Hand, und er hatte einen ziemlich festen Händedruck.

Dann kam der Moment, wo wir uns von Francesco verabschieden mussten. »Danke«, sagte ich noch mal und umarmte ihn. »Danke, für den Rucksack und die ganzen anderen Sachen.«

Francesco drückte mich. »Sagt ihr Bescheid, wenn ihr beim Papst angekommen seid?«

»Logo«, sagte Martha. »Gibst du uns deine Nummer?«

Francesco diktierte seine Handynummer, und Martha schrieb sie sich mit einem Kuli auf den Arm. Dann hielt sie ihm die Hand hin. »Danke. Und du musst uns unbedingt besuchen kommen, wenn wir wieder zu Hause sind. Machst du das?«

»Klar!«, sagte er und druckste dann etwas. »Also ... das mit deinem Pullover ... nicht dass du denkst, dass ich ihn hässlich finde. Er ist schön – aber eben superauffällig.«

»Schon gut«, sagte Martha und winkte ab.

Dann bekamen wir von der Oma noch jeder drei Küsse rechts und links und ein paar mahnende italienische Worte. Massimo öffnete die Klappe seines Transporters, wir kletterten zwischen die Kisten auf die Ladefläche, winkten noch einmal, dann flog die Tür zu.

22

»Hoffentlich wird mir nicht schlecht«, flüsterte ich, als Massimo den kleinen Lieferwagen vom Hof lenkte und durch die Schlaglöcher des Feldwegs juckelte. Ich versuchte, nur durch den Mund zu atmen, denn die Salami und die Trüffel verströmten einen megastrengen Geruch. Außerdem stank es nach Diesel.

»Reiß dich zusammen.« Martha sah mich mahnend an. »Wir können nicht riskieren, dass er uns rausschmeißt, nur weil du hier alles vollspuckst!«

»Ich gebe mir Mühe.«

Sie wühlte in ihrem Rucksack, kramte den Plastikbeutel von Michel hervor und zog das Buch heraus. »Hier, du kannst in die Tüte reihern.«

Ich stöhnte. »Red nicht dauernd davon, sonst kommt es mir gleich hoch.«

Martha betrachtete das Märchenbuch, das nun auf ihren Knien lag. »Soll ich dir was vorlesen? Vielleicht hilft das gegen die Übelkeit?«

»Wir können es ja versuchen.«

Martha schlug das Buch auf, und zwischen den Seiten

rutschte eine abgegriffene Postkarte heraus. Sie hob sie auf und wendete sie hin und her. »Was ist das denn?«

»Zeig mal!«

Sie reichte mir das speckige Stück Pappe, und ich hielt es in das graue Licht, das aus dem wolkenverhangenen Himmel durch die Scheiben der Hecktüren fiel. Auf der Karte war ein Gemälde abgebildet. Es zeigte drei Skelette mit schwarzen Mänteln, die vor Hochbeeten standen und Blumen und Kräuter pflegten. Ihre knochigen Hände gossen, hegten und pflanzten. Sie taten es ganz vorsichtig und sanft. Ich hatte keine Ahnung, was das bedeuten sollte, aber es sah schön aus. So friedlich – trotz der Skelette, denn sie schienen aus ihren Totenschädeln zu lächeln, und ihr Blick war voller Liebe auf die Blumen gerichtet. Ich drehte die Karte um und las: *Im Garten des Todes von Hugo Simberg.*

»Wahrscheinlich hat das was mit dem Märchen zu tun«, vermutete Martha und hielt das Buch hoch.

»Geschichte einer Mutter«, las ich auf dem Cover, *»von Hans Christian Andersen.«*

»Also, soll ich jetzt oder nicht?«

»Doch, bitte«, sagte ich, und Martha begann zu lesen. Das Märchen handelte von einer Mutter und ihrem sterbenskranken Kind. Der Tod kam und nahm das Kind einfach mit. Aber die Mutter wollte ihr Kind nicht hergeben. Sie verfolgte den Tod und spürte ihn in einem Gewächshaus auf. Da arbeitete er zusammen mit anderen Toden – es gab nämlich mehrere, wie auf dem Bild. In der Geschichte stand jede Pflanze in dem Gewächshaus für ein Menschenleben. Oder eine Menschenseele. Der Tod topfte sie immer um, wenn sie starben. Von ihrem alten Topf in einen neuen, der dann wohl so etwas wie das Paradies war. Die Mutter horchte an jeder Pflanze und erkannte in einer den Herzschlag ihres Kindes. ›Wenn du mein Kind sterben lässt, dann reiße ich eine andere Pflanze raus‹, drohte sie dem Tod. Das wollte der auf keinen Fall, weil er dann Ärger von Gott bekam. Darum sagte er: ›Du weißt, wie sehr es wehtut, ein Kind zu verlieren – und dann willst du das trotzdem einer anderen Mutter antun?‹ Er zeigte ihr in einem Brunnen, der so eine Art Fernseher war, zwei Szenen: eine schrecklich traurige, in der das Kind litt. Und eine schöne, mit einem glücklichen Kind. ›Eine der Szenen‹, sagte der Tod, ›ist das Schicksal deines Kindes.‹ Aber er verriet ihr nicht, welche. Da bekam die Mutter Angst, dass ihr Kind leiden könnte, und gab nach. Sie vertraue dem lieben Gott, sagte sie. Der würde wohl besser wissen, wo es ihrem Kind gut ginge, und dort sollte es dann auch sein.

»Komisches Märchen«, sagte ich, als Martha das Buch zuklappte.

Eine ganze Zeit lang ließen wir uns wortlos auf der Ladefläche durchrütteln, bis Martha mich anstupste. »Also, wenn Sterben einfach nur Umtopfen in andere

Erde ist, dann ist es vielleicht gar nicht so schlimm, wie man denkt«, stellte sie fest. »Jedenfalls für den, der umgetopft wird. Und wenn in der anderen Erde nichts mehr wehtut, dann ist es vielleicht sogar schöner für denjenigen?«

»... Mmmh«, machte ich. Denn der Gedanke, dass es irgendwo weiterging, gefiel mir auch. Aber irgendwie machte mich die Geschichte auch misstrauisch. »Und wenn der Tod der Mutter nur vorgegaukelt hat, dass es ihrem Kind irgendwo besser geht, damit sie nach Hause geht und er seine Ruhe hat?«, fragte ich Martha.

»Wenn er seine Ruhe haben wollte, hätte er doch einfach nur die Pflanze rausreißen müssen. Dann wär die Sache durch gewesen und fertig«, entgegnete Martha.

Das stimmte. Trotzdem störte mich etwas an dieser Geschichte. »Und wenn sich die Mutter nur eingeredet hat, dass es ihrem Kind woanders besser geht, weil sie einfach nicht stark genug war, gegen den Tod zu kämpfen? Oder zu feige?«

»Nein, das glaub ich nicht«, sagte Martha in einem ziemlich überzeugten Tonfall. »Die Mutter hat ihr Kind ja nicht einfach so hergegeben. Es war doch sterbenskrank und litt furchtbar. Und bei diesen Brunnenbildern ist der Mutter klar geworden, dass es ihrem Kind woanders vielleicht besser geht – auch wenn sie nicht bei ihm ist und keine Ahnung von diesem Paradies hat. Ich glaube, sie hat erkannt, dass es vielleicht einen großen Plan gibt, von dem wir einfach nur keine Ahnung haben. Und dass wir diesem Plan vertrauen müssen – auch wenn wir ihn nicht verstehen oder manchmal blöd finden.«

Und da ging mir auf, warum ich so wütend war. »Ich weiß jetzt, wieso dir oder Michel dieses Märchen so gut gefällt – aber mir überhaupt nicht!«, fuhr ich Martha an. »Denn in meiner Geschichte kommt der Tod nicht einfach und regelt das – sondern wir müssten Julius selbst aus dem Topf reißen! Und genau darum können wir uns mit diesem Märchen nicht trösten!«

Martha seufzte. »Du siehst das immer alles viel zu eng! Das, was der Tod von der Mutter wissen will, ist doch: *Glaubst du, nur du weißt, wo es deinem Kind gut geht?* Kapierst du?« Ich schüttelte stur den Kopf, und nun wurde ihre Stimme schärfer: »Die verdammte Frage ist doch: Ging es meiner Mutter, geht es Julius hier wirklich besser als anderswo? Das ist der ganze verfluchte Knackpunkt!«

»Und woher sollen wir das wissen?! Nicht mal der Tod in der Geschichte sagt das genau!« Meine Stimme überschlug sich, so außer mir war ich. »Was, wenn das alles nur billige Lügengeschichten sind, um uns zu trösten? Oder den Mund zu stopfen? Vielleicht hat die Krankenkasse dieses Märchen unter die Leute gebracht, damit sie keine Urinbeutel mehr zahlen muss!«

»Das Märchen hat dieser Andersen vor über hundert

Jahren geschrieben! Da gab es noch keine Krankenkassen!«

»Und wenn trotzdem kein Wort davon stimmt?«, brüllte ich. »Wenn es kein Paradies, keine andere Erde gibt? Wenn wir nur das haben, was hier ist?! Und niemals mehr?!«

Martha zog verächtlich einen Mundwinkel hoch. »Und wenn das gar nicht wichtig ist?«

Jetzt war ich wirklich komplett fassungslos. »Nicht wichtig, ob die Geschichte stimmt oder nicht?! Wozu ist sie denn dann da?!«

»Das Märchen ist doch nicht für die, die umgetopft werden! Sondern für die, die übrig bleiben!«, brüllte Martha mich an.

»Und?!«, schrie ich. »Macht es das besser?!« In dem Moment fuhr der Lieferwagen in eine Kurve, und ich rutschte gegen Martha, die mich unwirsch und grob zurückschob. »Ja!« Dann stützte sie müde die Ellenbogen auf die Knie und sah auf ihre Füße. Einen Moment sagten wir nichts. Nur der Motor knatterte vor sich hin. Bis Martha ganz leise das Schweigen brach. »Was soll falsch daran sein, wenn ich mir vorstelle, dass meine Mutter jetzt auf einer schönen Wiese sitzt und Gitarre spielt? Das ist doch zehn Mal schöner als die Vorstellung, dass sie in einem schwarzen Loch vermodert.« Und plötzlich sah sie wieder so verzweifelt aus wie im Zug hinter Garmisch, kurz bevor wir aussteigen mussten. Das wollte ich nicht. »Ich wünsche mir doch auch, dass es so ist«, sagte ich leise und nahm ihre Hand. »Es ist nur so schwer. Ich habe Angst, etwas zu glauben, was mir nützt – aber Julius vielleicht schadet. Verstehst du das?«

Sie nickte, drückte fest meine Hand und sagte: »Wenn die Fahrt noch lange dauert, wird mir auch schlecht.«

Zum Glück erreichten wir den Bahnhof in Orte, bevor es uns beiden hochkam. Massimo öffnete die Rücktüren und deutete auf das Bahnhofsgebäude. Wir bedankten uns, ich stopfte noch schnell einen Zipfel von Marthas Ringelpulli unter ihre Regenjacke, dann zog ich mir die Schirmmütze tief ins Gesicht, und wir marschierten los. Die Züge nach Rom fuhren alle zwanzig Minuten. Wir kauften unsere Fahrkarten an einem Automaten und liefen zum Gleis. Sicherheitshalber setzte sich Martha auf die Treppenstufen und ich, zehn Meter entfernt, auf eine Wartebank. Nach siebzehn Minuten rollte der Zug ein. Wir stiegen jeder durch eine andere Tür und trafen uns dann in einer Sitzreihe ganz hinten im Wagen.

»Jetzt kann doch nichts mehr schiefgehen, oder?«, wisperte Martha, als wir aus Orte herausrollten.

Ich zuckte mit den Schultern. »Keine Ahnung. Aber wer weiß, wo und wie oft hier unsere Fotos gezeigt werden?«

»Ach, Mist«, fluchte Martha da. »Wir hätten heute

Morgen einfach meine Haare abschneiden sollen! Wieso ist uns das nicht eingefallen?«

Ich grinste. »Können wir ja immer noch.«

»Hast du etwa eine Schere dabei?!«

Ich schüttelte den Kopf. »Quatsch! Außerdem wäre Haareschneiden hier im Zug viel zu auffällig. Aber du könntest dir so eine Hochsteckfrisur machen, mit so einem eingeflochtenen Zopf.«

Martha sah mich an, als wäre ich plötzlich irre geworden. »Ich?! Mir?! Mach doch selber, wenn du weißt, wie so was geht!«

»Okay. Gib mir 'ne Bürste, und ich probiere es.«

Martha zog eine Augenbraue hoch. »Aber wehe, es ziept.«

Dann kramte sie in ihrem Rucksack, zog eine Bürste hervor und drehte mir den Rücken zu.

Bevor wir in die Station Roma Termini einfuhren – es gab nämlich mehrere Bahnhöfe in Rom –, hatte ich Marthas Haare in einer schiefen Wurst um den Kopf geflochten. »Fertig, jetzt zeig mal von vorn!«

Martha drehte sich um, und ich betrachtete sie kritisch.

»Ich sehe wahrscheinlich wie ein Idiot aus«, knurrte sie.

»Nein, es sieht, also ... du siehst hübsch aus.«

Sie stemmte die Arme in die Seiten und legte den Kopf schief. »Du willst mir nur öfter die Haare flechten, mmh?!«

»Blödsinn!« Ich spürte, wie ich rot wurde, und war froh, dass wir gerade in den Bahnhof einfuhren und ich schnell aufstehen konnte.

Roma Termini war riesig. Und voll. Und laut. Und hektisch. Und das war gut, denn in dem ganzen Gewühle beachtete uns niemand. Versehentlich rannten wir erst in die falsche Richtung und standen plötzlich in einer Art endloser Shoppingmall. Überall waren Geschäfte, und überall standen Menschen an, um Fahrkarten, Leihwagen oder sonst etwas zu bekommen. Wir machten kehrt und rannten zurück in die Ankunftshalle. Dort gingen wir durch eine Glastür auf einen hässlichen, grauen, sonnenbeschienenen Platz. Die Wolkendecke war mittlerweile aufgerissen, und es war wärmer als noch vor einer Stunde in Orte. Ich öffnete den Reißverschluss meiner Sweatshirtjacke und sah mich um. Vor uns parkten dicht und eng mehrere Reihen weißer Taxen. Wir schlüpften zwischen den Autos hindurch und liefen weiter, auf die Busse für Sightseeing-Touren zu. Zwischen zwei Doppeldeckern blieb Martha stehen. Eine tiefe Sorgenfalte breitete sich auf ihrer Stirn aus. »Ich muss jetzt leider noch mal das Handy anmachen, um nach dem Weg zu gucken.«

Ich sah sie an, fasste sie an den Oberarmen, und dann musste ich sie schütteln: »Hey! Martha! Wir haben es geschafft! Wir sind in Rom! Wir sind hier!«

Sie guckte, als wenn sie vergessen hätte, wie verrückt das war.

»Martha! Hast du das geglaubt? Ich meine, hast du wirklich gedacht, dass wir das schaffen?!«

Sie zuckte etwas hilflos mit den Schultern. »Es war doch deine einzige Chance, oder?«

Und da sah ich zum ersten Mal in ihren Augen, dass auch sie Zweifel gehabt hatte, dass unser superverrückter Plan aufgehen würde. Als Martha merkte, dass ich das merkte, sagte sie schnell: »Und noch sind wir nicht beim Papst!« Dann drückte sie den *On*-Knopf des Handys.

Laut Routenplaner brauchten wir zu Fuß bis zum Vatikan knapp eine Stunde. Martha hielt mir die Karte vor die Nase. »Merk dir den Weg bis ...« Sie schaute noch einmal forschend auf das Display. »... hier, bis Kolosseum. Das ist dieses monstergroße Theater. Da machen wir das Handy noch mal an und sehen weiter. Okay?«

»Okay.«

Sie schaltete das Handy wieder aus und zeigte über den Platz. »Da lang.«

»Lass uns ein bisschen Abstand voneinander halten, dann fallen wir weniger auf«, schlug ich vor und marschierte entschlossen auf eine große Kreuzung zu. Und dann dachte ich: Wir müssen nur so cool wie im Krankenhaus in München sein und einfach drauflosgehen, als würden wir uns hier total gut auskennen. So würde sicher niemand Notiz von uns nehmen.

In Rom schienen alle wie die Verrückten Auto zu fahren. Jeder fuhr einfach auf die völlig überfüllten Kreuzungen und quetschte sich in irgendeine Lücke hinein. Das Irre war, dass sich dieses Blechknäuel bei *Grün* immer wieder auflöste. Ohne Unfall. Und niemand störte sich an dem Gehupe oder daran, dass sich auch noch Fußgänger dazwischendrängelten.

Ich überquerte eine mehrspurige Fahrbahn und bog in eine breite, von alten Häusern gesäumte Straße. Die gelben Fassaden, die schnörkeligen Balkone, der Gehsteig – alles war ein bisschen schmuddelig. Als hätte man in den letzten Jahren vergessen, mal richtig sauber zu machen. Trotzdem fand ich es auf wunderbare Weise schön.

Alle paar Meter schaute ich über die Schulter, ob Martha noch da war oder uns irgendjemand folgte.

Nach zehn Minuten rannte Martha plötzlich an mir vorbei und bog in einen Torbogen. Mir klopfte das Herz bis zum Hals – hatte uns jemand erkannt? Kaum hatte ich den Torbogen erreicht, packte mich Martha am Ärmel und zog mich in die dunkle Einfahrt.

»Spinnst du?!«, zischte sie. »Du drehst dich ständig um! Das ist superauffällig! Da kannst du dir auch gleich ein Schild umhängen: *Achtung! Ich werde gesucht!*«

»Tut mir leid«, stammelte ich. »Es war nur –«

»Ich gehe jetzt vor«, unterbrach mich Martha und eilte aus dem Torbogen.

Sie stapfte entschlossen die Straße hinunter, schob sich rigoros zwischen den Menschen hindurch und guckte nicht einmal, ob ich noch da war. Das machte mich wütend, und ich bekam gute Lust, mal irgendwo abzubiegen oder stehen zu bleiben. Dann würde sie einen schönen Schreck kriegen, wenn sie merken würde, dass ich weg war! Ihre Bestimmer-Tour ging mir gerade richtig auf die Nerven.

Auf der anderen Seite musste ich zugeben, dass Martha wirklich aussah, als liefe sie diese Strecke jeden Tag zur Schule. Superentspannt, völlig gewohnheitsmäßig. Und außerdem wäre es doch jetzt auch ziemlich dämlich gewesen, auf den letzten Metern einen Streit vom Zaun zu brechen. Wir mussten zum Papst. Hinterher könnte ich Martha immer noch die Meinung sagen. Also folgte ich ihr weiter in einem Abstand von zehn Metern. Da blitzte plötzlich zwischen den Häusern das riesige Kolosseum auf! Es sah genauso aus wie in meinen Büchern über die alten Römer! Und es wirkte völlig phantastisch, überhaupt nicht echt, zwischen den ganzen Autos, Taxen und Mopeds, dem Abgasqualm und Motorenlärm. Es stand da am Ende der Straße wie ein Ufo, das versehentlich auf dem falschen Planeten gelandet war.

Mit jedem Meter wurde der Gehsteig nun voller. Überall waren Touristen, die mit Handys filmten und fotografierten. Je näher wir kamen, desto wilder wurde auch das Sprachengewirr um uns herum. Ich erkannte

Französisch, Englisch – und dann waren da noch Unmengen von Menschen aus China und Japan oder anderen asiatischen Ländern. Alles strömte auf das riesige, alte Theater zu. Wir schummelten uns in eine Reisegruppe aus Holland und überquerten geschützt in der Menschentraube die drei- oder vierspurige Fahrbahn, die rings um das Kolosseum führte. Auf der anderen Straßenseite blieb Martha an einem Geländer stehen. Dahinter ging es steil bergab, denn das Kolosseum stand in einer ungefähr sechs Meter tiefen Kuhle. Vielleicht war es auch noch viel tiefer, das konnte ich neben dem riesigen Gebäude einfach nicht schätzen. Ich stellte mich zu Martha und schaute von oben auf den Platz hinunter. Ein Ameisenhaufen war nichts dagegen. Hunderte, vielleicht Tausende Menschen schoben und drängten sich um das monströse Riesentheater mit den vielen Stockwerken und Gängen. Ich hätte mir das gern mal genauer angeschaut. Vielleicht hinterher, wenn wir beim Papst waren, dachte ich.

»Konzentration jetzt«, ermahnte mich Martha da. Sie zog das Handy aus der Tasche, stellte es an und betrachtete die Route zum Vatikan. Zwei Mal musste sie das Gerät hin und her drehen, bis sie die Richtung hatte, dann zeigte sie vage am Kolosseum vorbei, auf einen riesigen, grünen Hügel, von dem Mauerreste aufragten, die genauso alt wie das Theater wirkten. Die ganze Stadt schien voller Trümmer.

»Also … wir müssen da so rechts vorbei zum Tiber, das ist der Fluss. Den gehen wie einfach lang, an einer Insel vorbei, und danach, drei Brücken weiter, überqueren wir den Fluss. Dann geht es nur noch ein Stück geradeaus, und wir sind da. Komm!«

»Wart mal kurz. Ich habe Hunger«, sagte ich und öffnete den Rucksack. Wir nahmen jeder ein süßes Hörnchen und ein großes Stück Salami und aßen ganz in Ruhe. In dem Menschengewirr, da war ich total sicher, hätte mich nämlich nicht einmal meine eigene Mutter wiedergefunden. Erst als wir wieder losgingen, stellte Martha das Handy aus. Und das war wohl unser Fehler.

23

Die Frau in Jeans und Turnschuhen fiel mir das erste Mal auf, als wir am Tiber entlanggingen. Der Fluss strömte tief unter uns durch eine breite Schneise, die rechts und links von gigantischen Mauern aus weißem Stein gesäumt wurde. Wir liefen oben, neben der dicken Abgrenzungsmauer entlang. Martha marschierte etwa fünfundzwanzig Meter vor mir. Misstrauisch machte mich, dass die Frau uns in einem absolut gleichbleibenden Abstand folgte. Um ganz sicherzugehen, blieb ich kurz stehen und tat so, als suche ich etwas in meinem Rucksack. Dabei schaute ich unauffällig über die Schulter. Die Frau sah nicht wie die Touristen am Kolosseum aus. Sie trug keine bunte Freizeitjacke, keinen Rucksack und hielt keinen Reiseführer oder das Handy in der Hand. Sie wirkte wie jemand, der in Rom lebt. Also: Warum sollte irgendjemand vormittags an einem mäßig sonnigen Wochentag ziellos, aber nicht gemütlich schlendernd, an dieser viel befahrenen Straße in genau dem gleichen Tempo wie ich rummarschieren? Ich setzte den Rucksack wieder auf und ging weiter.

Jetzt war alles klar: Der Abstand war beinahe gleich geblieben, also war die Frau absichtlich langsamer geworden. Dafür war Martha jetzt fast doppelt so weit von mir entfernt! Gerade erreichte sie die Stelle, wo mitten im Tiber die Insel lag und der Fluss sich teilte. Nach dieser Inselbrücke waren es noch drei Brücken, bis wir den Fluss überqueren wollten. Ich war hin und her gerissen: Sollte ich zu Martha rennen und versuchen, zusammen mit ihr die Frau abzuhängen? Aber wie? Aus den Augenwinkeln erkundete ich die Umgebung: Auf der einen Seite war der Fluss, und von der anderen Straßenseite ging nirgendwo eine kleine Gasse oder kurvige Straße ab. Also mussten wir auf die andere Flussseite! Und zwar so schnell wie möglich! Ich erhöhte mein Schritttempo, um Martha unauffällig einzuholen. Als ich unseren Abstand auf etwa fünfundzwanzig Meter wieder verringert hatte, war sie kurz davor, die Brücke zur Insel zu erreichen. Ich drehte mich um. Die Frau folgte mir immer noch. Eindeutig: Sie war hinter uns her und bestimmt von der Polizei. Wenn wir zum Papst kommen wollten, dann mussten wir jetzt da rüberrennen, und zwar mit Vollgas.

Ich schaute noch einmal über die Schulter. Die Frau war stehen geblieben und zog ihr Handy aus der Tasche. Das war unsere Chance! Ich raste los. Martha drehte sich mit einem fragenden Blick um. »Los! Rüber auf die andere Flussseite!«, schrie ich und riss sie im Vorbeirennen mit. Martha verstand sofort. Wir rannten so schnell wir konnten auf die Brücke. Im Rennen sah ich noch einmal zurück. Die Frau hatte das Handy immer noch am Ohr, folgte uns aber im Laufschritt. In dem Moment hatten wir die Insel erreicht und sprinteten nun über einen Parkplatz in eine Gasse, die zwischen den eng stehenden Häusern hindurchführte, dann weiter zur nächsten Brücke, die auf die andere Flussseite führte. Gleichzeitig dämmerte mir, dass wir jetzt in der Falle saßen! Die Polizei musste nur an beiden Brückenenden warten – und schon hatten sie uns! Die zweite Brücke verlief schnurgerade über den Fluss. Noch war sie menschenleer. Aber bestimmt nur, weil die Frau ihren Kollegen gerade eben erst Bescheid gegeben hatte. Wahrscheinlich sprangen die gerade in ihre Autos und stellten das Blaulicht an! Ich legte noch einen Zahn zu. Meine Lungen brannten wie Feuer. Meine Beine wurden immer schwerer.

»Ich kriege Seitenstiche«, japste Martha.

Ich packte ihre Hand und zog sie weiter. Als wir die Mitte der Brücke erreicht hatten, bog ein Paar mit einem Kinderwagen ein. Sie sahen nicht so aus, als hätten sie es auf uns abgesehen. Trotzdem stieg meine Panik noch mehr. Es durfte jetzt nicht vorbei sein! Es konnte doch nicht jetzt, auf den letzten Metern, alles umsonst gewesen sein! Durch die Bäume, die das Ufer säumten, sah ich die Straße. Die Autos stauten sich, und es ging nur im Schneckentempo voran. Gut, dachte ich, denn dann brauchten die Polizeiautos Zeit, bis sie durch das Gewühle vorankamen und uns den Weg abschneiden konnten!

Ich holte noch einmal alles aus mir raus. Wenn du glaubst, es geht nicht mehr, dann musst du noch mal einen drauflegen! Das hatte Julius immer gesagt! Nur wenn man sich richtig quält, wird man besser. Das Ende der Brücke war jetzt keine zwanzig Meter mehr entfernt. Zehn. Martha wurde immer schwerfälliger, ich zerrte an ihrem Arm. Noch fünf Meter. Ich rechnete fest damit, dass jeden Moment ein Polizist hinter den Bäumen am Ufer hervortrat, die Arme ausbreitete und uns packte. Doch als wir das Ende der Brücke erreicht hatten, war alles frei! Niemand versuchte, uns aufzuhalten. Ich sprang über den Gehweg, riss Martha auf die Straße und drängelte mich mit ihr zwischen den hupenden Autos hindurch.

»Wir müssen nach rechts!«, ächzte Martha.

Ich hörte nicht auf sie und rannte einfach geradeaus in eine enge Gasse. Bloß weg von unserer Verfolgerin! Bloß weg von der großen Straße! Wir tauchten in ein Viertel mit dunklen, verwirrend vielen Gässchen. Ohne weiter nachzudenken, bog ich rechts in die nächste Gasse ein. Wir hörten auf zu rennen und gingen stattdessen zügig, mit großen Schritten, vorbei an kleinen Restaurants und Bars. Dazwischen taten sich immer wieder Hinterhöfe auf, von denen erneut Torbögen oder schmale Gänge abgingen. Die Tische und Stühle vor den Pizzerien machten die Gassen noch enger. Ich zerrte Martha durch einen Durchgang in eine Passage, die so schmal war, dass kein Auto hindurchpassen würde. Jetzt erst traute ich mich, zurückzuschauen. Zu meiner Erleichterung entdeckte ich weder die Frau noch sonst jemand Verdächtigen. Eilig schob ich Martha in einen kleinen Hinterhof, in dem sich eine Pizzeria befand. Ich schubste sie durch die offen stehende Tür und ließ mich atemlos an einen Tisch fallen.

»Haben wir sie abgehängt?«, japste Martha und plumpste auf den Stuhl gegenüber.

»Ich glaube schon.« In meinem Hals stach es, als hätte ich Dornenzweige geschluckt, und in meinen Schläfen rauschte das Blut. Mein Rücken unter dem Rucksack war schweißnass.

»Wo kam die her?«, fragte Martha.

»Keine Ahnung. Sie war plötzlich da.«

»Glaubst du, Massimo hat uns verraten? Er ist der Einzige, der genau wusste, wann wir in Rom ankommen.«

Ich zuckte mit den Schultern. »Die Oma hat ihm vertraut.«

»Stimmt auch wieder.«

»Buon giorno!« Ein Kellner trat an unseren Tisch und reichte uns die Speisekarte. »Zwei Cola«, sagte ich und hob dabei zwei Finger. Er lächelte und entfernte sich wieder.

»Sollten wir dann nicht so schnell wie möglich hier weg?« Martha sah sich misstrauisch um.

»Erst, wenn wir wieder richtig Luft kriegen. Sonst entwischen wir denen beim nächsten Mal garantiert nicht. Hast du eine Idee, wo der Vatikan ungefähr sein könnte? Ich meine: ohne das Handy anzumachen – ?«

»Unsere eigentliche Route ging ja noch ein Stück am Fluss entlang und dann irgendwann links rein.«

»Das heißt, wenn wir jetzt einfach im Viertel in die Richtung weiterlaufen, also parallel zum Fluss, dann kämen wir auch dorthin?«

»Ich denke schon. Mann, unter der Regenjacke schwitze ich wie ein Schwein.«

»Du kannst sie nicht ausziehen! Es sei denn, du ziehst den Ringelpulli auch aus.«

Martha schüttelte den Kopf. »Auf keinen Fall.«

Da brachte uns der Kellner zwei Cola, wir tranken gierig und bezahlten.

»Lass mich erst gucken«, sagte ich und stand auf. Bevor ich aus der Tür trat, drehte ich mich um. »Wenn einer von uns gepackt wird, dann läuft der andere weiter und versucht, zum Papst zu kommen. Abgemacht?«

Martha nickte. »Abgemacht. Einer muss es schaffen. Unbedingt.«

Ich fühlte eine komische Verzweiflung in mir aufsteigen. Das durfte nicht passieren. Nicht auf dem letzten Stück. Wir hatten es zusammen bis hierher geschafft, und dann sollten wir es auch gemeinsam zu Ende bringen.

Ich holte tief Luft, dann verließ ich das Restaurant. Vorsichtig schaute ich an der Toreinfahrt um die Ecke. Es war nichts Verdächtiges zu sehen. Ein Pärchen mit Handy vor der Nase ging an mir vorüber, und von der anderen Seite kam eine Gruppe Rentner, die den Weg noch mit der Karte suchte. Ich gab Martha ein Entwarnungszeichen.

Wir folgten dem Gässchen in die Richtung, wo wir den Vatikan vermuteten.

»Vielleicht schließen wir uns einfach irgendeiner Reisegruppe an?«, fragte ich leise.

»Siehst du hier eine?«, entgegnete Martha.

»Im Moment leider nicht.«

Am Ende des Gässchens überquerten wir einen Platz und bewegten uns dann weiter im Zickzack-Kurs. Plötzlich zeigte Martha aufgeregt auf ein Hinweisschild. »Vatikan! Die Richtung stimmt!«

Je näher wir nun dem Vatikan kamen, umso voller wurden wieder die Straßen. Wir versuchten, uns immer in einem Pulk von Menschen aufzuhalten und von der Gruppe mitspülen zu lassen. Der Trick schien zu funktionieren, denn nirgendwo entdeckte ich unsere Verfolgerin oder andere Menschen, die uns nachspionierten. Endlich gelangten wir an eine große Hauptstraße. Die Bürgersteige waren jetzt genauso überfüllt wie rings um das Kolosseum.

»Ich glaube, die wollen alle zum Vatikan«, flüsterte Martha.

»Je mehr, desto besser«, flüsterte ich zurück. »Außerdem: Wenn wir erst einmal in der Kirche, in diesem Petersdom, sind, dann kann uns nichts mehr passieren. In einer Kirche hat auch die Polizei nichts zu sagen.«

Martha nickte. »Ja, das ist gut.«

Zügig marschierten wir an Bars und Eiscafés vorbei, immer weiter – und dann standen wir plötzlich auf dem Petersplatz. Strahlend weiß erhob sich der Dom in den Himmel. Er war riesig. Und der Platz davor auch. Ich hatte das alles schon mal im Fernsehen gesehen, Ostern oder so. Aber in echt war es einfach noch einmal viel, viel größer. Zwei gigantische Säulenbögen führten rechts und links auf die Kirche zu, und dort ging eine megabreite Treppe hinauf. In Rom war offensichtlich alles monströser, gigantischer und breiter!

Ich nahm Marthas Hand und lief los. Ich wollte endlich ankommen. Ich wollte endlich den Papst fragen. Ich wollte wissen, was richtig und falsch ist. Ich wollte eine Antwort, die den schrecklichen Streit beendete und meine Familie wieder heil machte.

24

Wir eilten die Treppen hinauf und gelangten in eine offene, hohe Vorhalle. Vor uns breitete sich ein bunt gemusterter, in großen Ornamenten gelegter Steinboden aus. In den Dom hinein führten bombastische Eisentüren – so dick, dass sie zu einer Festung gehören konnten. Sie waren in Fächer geteilt, die Bilder von Heiligen oder Päpsten zeigten. Ehrfürchtig traten wir hindurch – und dann standen wir im Petersdom. Es war die größte Kirche, die ich je gesehen hatte. Wahrscheinlich hätte der Münchner Bahnhof hier hundert Mal reingepasst. Für einen Moment verschlug es mir den Atem. Alles war so prachtvoll, so überbordend, so verschwenderisch, so verziert, so golden – das war keine Kirche, das war ein Palast!

»Guck dir das mal an!«, hauchte Martha und zeigte auf einen bronzenen Baldachin, der sich über den Altar spannte. »Hast du so etwas schon einmal gesehen?«

Ich starrte auf die monsterhohen, gezwirbelten, goldverzierten Säulen und fragte mich, ob die das hier so gigantisch gebaut hatten, weil sie dachten, Gott und der

Papst seien so groß – oder weil sie wollten, dass man sich selbst so klitzeklein fühlte?

Denn genau das machte diese Kirche mit mir: Ich fühlte mich winzig.

In dem Moment stupste mich eine ältere Dame an und zeigte in das Seitenschiff. »Die Pietà – das dürft ihr nicht verpassen. Sie ist von Michelangelo.« Ich starrte erst einmal auf ihr leuchtend oranges T-Shirt, auf dem *Pilgergruppe Bielefeld* stand, dann folgte ich ihrem Blick zu einer großen Marmorfigur.

»Danke«, sagte Martha schnell. »Das gu[illegible]n wir uns sofort an.« Sie schob mich zügig in Richtu[illegible] der Pietà, weg von der Frau.

»Woher wusste die schon wieder, dass [illegible] Deutsch verstehen?«

»Keine Ahnung, aber hier sind wir do[illegible]er. Hier drinnen kann uns niemand etwas tun« [illegible]erte ich, denn davon war ich fest überzeugt.

Wir schlüpften durch eine Gruppe, die [illegible]e einer Führung auf Spanisch lauschte, und gin[illegible]lstrebig auf die mattweiße Marmorstatue zu.

Das lange Kleid der Marmor-Maria f[illegible] großen, sanft geschwungenen Falten hinab. Wir[illegible]er Stein sah weich aus! Doch irgendwie konnte [illegible]ich an dieser majestätischen Mutter in ihrem h[illegible]en Marmorkleid nicht freuen. Sie hielt ihren tote[illegible]hn Jesus auf dem Schoß. Einen erwachsenen Mann. Und irgendwie passte das nicht. Das passte nie. Mütter und Väter hatten keine erwachsenen Kinder auf dem Schoß. Daran war immer etwas falsch! Und darum erinnerte mich die schöne Skulptur nur an unsere Zeit in der Reha, wo überall Mütter und Väter die Körper ihrer viel zu großen Kinder auf dem Schoß hielten. Und manche hatten genauso schlapp heruntergehangen wie der Jesus hier bei Maria. »Lass uns was anderes angucken«, sagte ich zu Martha und zog sie weg.

»Wir sollten uns jetzt sowieso mal darum kümmern, wie wir a[illegible] so eine Audienz kommen«, flüsterte Martha. »Am[illegible]sten, wir fragen jemanden in so einem Priesterk[illegible]m.«

»Das i[illegible]n Kostüm«, verbesserte ich sie.

»Egal[illegible]r die wissen, wie wir weiterkommen.«

Marth[illegible] sich um. »Guck mal, die zwei, die sehen gan[illegible]us.« Sie zeigte auf zwei junge Männer in braune[illegible]n, so wie wir schon einige in der Kirche von Cas[illegible] der heiligen Rita gesehen hatten.

»Mei[illegible] die gehören hierher?«, fragte ich skeptisch. Ir[illegible]e machten sie auf mich den Eindruck von normal[illegible]chern. Und irgendwie sahen sie in ihren Kutten [illegible] arm für diesen Prachtbau aus.

»Und[illegible]n – sie wissen sicher, wen wir dann fragen müs[illegible] Martha stapfte auf die beiden Männer zu. »Entsch[illegible]ung, sprechen Sie vielleicht Deutsch?«

Einer der Männer, der mit den schwarzen, etwas wuseligen Haaren, drehte sich um und lächelte. »Etwas«, sagte er gedehnt, und schon in dem einen Wort lag ein Akzent.

»Wo kommen Sie her?«, fragte Martha.

Musste sie eigentlich immer abschweifen? Und viel zu persönliche Dinge fragen?

»Ich komme aus Polen, aber ich habe zwei Jahre in Köln gelebt«, antwortete er mit einer lieben, sanften Stimme.

»Wir haben ein Problem«, sagte ich schnell, bevor Martha jetzt seine ganze Lebensgeschichte rausquetschen wollte. »Wir brauchen eine Audienz beim Papst. Dringend. Ganz dringend.«

Der Mann sah uns überrascht an und übersetzte dann – wahrscheinlich auf Polnisch – für seinen Kollegen.

»Wir müssen den Papst etwas fragen. Es geht um Leben und Tod.« Martha guckte dem Mann eindringlich in die Augen. »Wirklich.«

Etwas ratlos ließ er seinen Blick durch das riesige Kirchenschiff streifen. »Puh. Also, das ist nicht so einfach. Habt ihr euch denn nicht vorher im Internet informiert?«

Martha und ich sahen uns an. Warum hatten wir nie daran gedacht? Wir hatten gegoogelt, dass es so etwas wie Audienzen gab, und wir hatten gewusst, dass Marthas Tante einen Brief an den Vatikan geschrieben hatte. Aber dass es im Internet Anmeldeformulare oder so etwas gab, daran hatten wir nicht gedacht.

Der Mann seufzte. »Wisst ihr, wie viele –«

»Bitte!«, fiel ich ihm ins Wort. »Sie müssen uns helfen!« Und wahrscheinlich stand mir in diesem Moment meine ganze Verzweiflung ins Gesicht geschrieben. Denn natürlich hatte ich geahnt, dass es nicht einfach sein würde und dass man nicht mal eben so zum Papst gehen konnte. Aber irgendwie hatte ich mir eingebildet, dass wir das – wenn wir es erst einmal bis Rom geschafft hätten – auch noch hinkriegen würden. Ich hatte es mir so fest gewünscht, dass ich selbst irgendwann daran geglaubt hatte.

Der Priester oder Mönch – ich hatte ja keine Ahnung, was er genau war – legte mir die Hand auf die Schulter und sagte: »Okay. Erklärt mir, worum es geht. Ich versuche, euch zu helfen.«

Wir setzten uns abseits in eine Kirchenbank, und dann erzählten wir ihm unsere ganze Geschichte.

Er hörte aufmerksam zu, und als ich fertig war, schwieg er lange.

»Immer mittwochs, also morgen wieder, findet eine Papst-Audienz statt. Normalerweise muss man sich Monate vorher dafür anmelden. Es gibt aber auch Ausnahmen für Pilger. Wer zum Beispiel mehr als hundert Kilometer gelaufen oder mit dem Rad gefahren ist, um hierherzukommen, der kann kurzfristig mit reingeschoben werden. Und es gibt auch andere Ausnahmen, da bin ich ganz sicher. Ich habe hier nichts zu sagen, aber ich kann mich jetzt mal erkundigen. Ich weiß, dass dem Papst die Kinder besonders am Herzen liegen. Und manchmal dürfen Kinder direkt zu ihm gehen und fragen.«

»Das heißt ...?«, fragte Martha.

Er lächelte. »Gebt mir etwas Zeit. Lasst uns in drei Stunden wieder hier treffen. Ich versuche, was ich kann.«

»Wie heißen Sie?«, fragte ich.

»Bartosch.«

Ich reichte ihm die Hand. »Danke, Bartosch. Ich bin Bela und das ist Martha.«

Er drückte meine Hand. »Ich versuche alles, aber ich kann euch nichts versprechen.«

»Und jetzt?«, fragte Martha, als Bartosch davongeeilt war. »Wollen wir die ganze Zeit hier warten?«

»Was wollen wir sonst machen?«

»Ich glaube, drei Stunden halte ich es hier drinnen nicht aus. Außerdem muss ich mal.«

»Unten an der Treppe, bei dem Säulengang, habe ich Toiletten gesehen«, fiel mir ein.

»Das gehört noch zur Kirche, oder?«, fragte Martha.

»Keine Ahnung, ich glaube schon.«

Wir durchquerten die Vorhalle, liefen die Stufen der breiten Treppe hinunter und durch den Säulengang. Direkt neben dem Informationsbüro sahen wir das Toilettenschild. »Bin gleich wieder da«, sagte Martha.

Ich machte es mir auf einem Mauervorsprung bequem und schaute auf den großen, sonnenbeschienenen Platz. Da setzte sich jemand neben mich. Als Erstes sah ich die Turnschuhe, dann die Jeans. Ich drehte langsam den Kopf, sah die blaue Jacke, schaute höher – und blickte direkt in das Gesicht unserer Verfolgerin.

25

Dann ging alles ganz schnell. Martha versuchte noch wegzulaufen, aber da stand schon ein Mann, der sich ihr entgegenstellte. Martha trat, kratzte und biss – aber es nutzte nichts. Es kam noch eine Frau dazugeeilt, in einer Polizistenuniform, und die packte Martha einfach um die Taille und hob sie hoch.

»Bela! Mach doch was!«, schrie Martha, und Wuttränen spritzten ihr aus den Augen. Doch was sollte ich tun, ich wurde ja genauso festgehalten wie sie. Verhandeln!, schoss es mir durch den Kopf. Irgendwie musste ich unsere Verfolgerin davon überzeugen, uns noch etwas Zeit zu geben. »Wir sind im Petersdom verabredet, wegen der Papst-Audienz morgen. Wir werden erwartet! Bitte!«, erklärte ich und versuchte, dabei so zu klingen, als wäre alles schon geritzt. »Wir müssen den Papst dringend etwas fragen. Seine Leute klären das gerade alles.«

Aber die Frau beeindruckte das überhaupt nicht. Sie

gab den Polizisten ein Zeichen, die nahmen uns von beiden Seiten freundlich, aber fest am Oberarm und führten uns Richtung Straße, auf zwei Polizeiautos zu.

»Papst-Audienz?! Was habt ihr euch dabei gedacht?«, fragte sie kopfschüttelnd, während sie neben uns herging. »... den Papst fragen?! Wisst ihr eigentlich, wie viele Leute zu so einer Audienz kommen?«

Wir antworteten nicht. Die Polizisten schoben uns auf die Rückbank eines Polizeiautos, und die Verfolgerin beugte sich mit einem mahnenden Blick zu uns herunter. »Ihr müsst gar nicht versuchen, abzuhauen. Die Türen lassen sich von innen nicht öffnen.« Dann drückte sie die Tür ins Schloss, zog ihr Handy aus der Tasche und telefonierte.

Martha und ich sagten kein Wort. Wir waren wie erstarrt.

Nach ein paar Minuten hatte die Frau ihr Telefonat beendet. Sie öffnete die Beifahrertür und streckte den Kopf hinein. »Ich habe mit euren Eltern gesprochen und –«

»Sie meinen, mit meinem Vater«, unterbrach Martha trotzig. »Meine Mutter können Sie ja schlecht erreicht haben.«

»Entschuldigung, ja«, sagte die Frau. »Wir fahren jetzt zum Flughafen, und dann geht es mit dem nächsten Flieger zurück nach Hause.«

»Können wir nicht noch einen Moment warten?«, flehte ich. »Bitte. Wir sind doch gleich mit dem Priester verabredet. Der hat alles organisiert, ehrlich! Wir müssen dem doch wenigstens Bescheid geben!«

Die Frau antwortete nicht und stieg ein. Dann gab sie einem der Polizisten einen Wink, der nahm auf dem Fahrersitz Platz und startete den Motor.

Wir fuhren die lange Straße hinunter, die vom Tiber zum Petersdom führte. Ich drehte mich um, sah aus dem Rückfenster und dachte: Selbst so ein riesiger Dom wird kleiner, wenn man Abstand nimmt. Dann schaute ich zu Martha. Ihr liefen Tränen die Wangen hinunter. Ganz lautlos.

»Nicht weinen, bitte«, flüsterte ich und drückte Marthas Hand.

Sie zog die Nase hoch. »Wir haben es so weit geschafft, und jetzt lassen die uns noch nicht einmal drei blöde Stunden warten! Warum?«

Ich konnte nur mit den Schultern zucken.

Das Polizeiauto überquerte den Fluss und bog in die Uferstraße ein.

Ich ließ den Kopf zurückfallen. Es war vorbei. Schluss. Aus. Ende. Das war nicht fair, nach allem, was wir geschafft hatten: Wir waren dem merkwürdigen Kerl am Münchner Bahnhof entkommen, wir hatten die Nacht im Krankenhaus überstanden. Wir hatten sogar einen echten Mörder getroffen!

Draußen an meinem Fenster wischte das Kolosseum vorüber, Menschen, Büsche, Bäume und Tempelanlagen mit abgebrochenen Säulen. Dann wurden die Straßen breiter, und wir bogen auf die Autobahn zum Flughafen. Ich musste an die Liste denken, im Zug hinter Kassel. Und dann an den Chirurgen mit der Lüge und der Möhre. An Michel, Gerti und die Hunde. An Cascia und die heilige Rita. Francesco und seine Oma, das Märchen mit der Mutter und dann an das Meer. Wie wir durch die Wellen gesprungen waren. Ich schmeckte Salz und Sonnenmilch und dann das Eis. Ich hörte Marthas Lied in meinen Ohren und dachte daran, wie glücklich sie ausgesehen hatte.

Müde blickte ich hinaus in die hügelige Landschaft, auf die langen, schmalen Bäume, die Hinweisschilder zum *Aeroporto* ... und plötzlich wurde mir etwas klar. »Martha!« Ich fuhr herum. »Wir müssen den Papst nicht mehr fragen. Ich ... ich weiß die Antwort!«

Martha wischte sich mit dem Handrücken unter der Nase entlang und sah mich verwirrt an. »Du weißt die Antwort?«

»Die Antwort ist: Es gibt keine Antwort.«

Martha schüttelte den Kopf.

»Doch!«, beharrte ich, und meine Stimme klang ganz ruhig und fest. »Niemand kann uns sagen, was richtig oder falsch ist, nicht einmal der Papst.«

»Es gibt immer eine Antwort!«, fauchte Martha mich an.

»Es gibt viele Antworten. Aber es gibt keine richtige

oder falsche. Wir müssen rauskriegen, womit *wir* leben können, denn wir werden nie erfahren, was Julius jetzt will. Wir werden nicht einmal erfahren, ob er überhaupt etwas wollen kann. Denk doch mal an die Liste!«

Jetzt begann Martha zu schluchzen. »Dann war alles umsonst?«

Ich schüttelte den Kopf, und ich gab mir alle Mühe, aber jetzt konnte ich es auch nicht mehr zurückhalten. Die Tränen flossen mir einfach aus den Augen und liefen heiß mein Gesicht hinunter. »Nein, nichts war umsonst. Denn egal, was irgendjemand sagt oder bestimmen will – wir wissen jetzt: Es gibt Fragen, auf die es keine Antwort gibt«, wiederholte ich noch einmal. »Nichts und niemand weiß, warum deine Mutter Krebs gekriegt hat oder warum der Lkw-Fahrer genau in dem Moment um die Ecke gebogen ist! Und nichts und niemand weiß, ob Julius behandelt werden möchte oder soll – oder nicht. Und darum gibt es kein Richtig oder Falsch. Darum hat nicht mein Vater oder meine Mutter recht.«

»Das ist doch scheiße!«

»Ja, das ist es. Aber nicht zu ändern.«

Martha nahm meine Hand, und jetzt konnte ich einfach nicht mehr weitersprechen. Wir saßen auf der blau gepolsterten Rückbank des Polizeiautos auf dem Weg zum Flughafen und weinten. Erst als die Straße sich nach Abflug und Ankunft teilte und wir über eine weit geschwungene Brücke zu unserem Terminal sausten, fand ich meine Stimme wieder. Ich drehte mich zu Martha und ging mit meinem Gesicht ganz nah an ihres, sodass ich fast nur noch ihre Augen sah. »Aber es gibt ein Gutes in dem ganzen großen Scheiß«, flüsterte ich. »Wir haben immer die Wahl. Wie im Zug, als wir das Meer gesehen haben: Wir können aufstehen oder sitzenbleiben. Du hattest recht, die ganze Zeit: Wir müssen eine Entscheidung treffen und dann damit leben. Mit jedem Atemzug, wie Michel gesagt hat.«

Martha lächelte unter ihren Tränen. »Wir können immer an irgendeinem Bahnhof aussteigen und im Meer baden gehen. Das können wir ganz allein entscheiden. Und das kann uns niemals jemand wegnehmen.«

Ich nickte. »Wir können auf dem Gartentrampolin springen.«

»Oder in Särgen probeliegen.«

Jetzt musste ich auch lachen. »Oder das.«

Ich lehnte mich in meinem Sitz zurück. Martha löste den Anschnallgurt.

»Hey!«, mahnte die Verfolgerin. »Leg sofort wieder den Gurt um!«

»Beruhigen Sie sich mal«, blaffte Martha zurück. Dann zog sie die Regenjacke der Oma aus und schlüpfte aus dem Ringelpulli.

»Hallo, Herr Polizist, Sie da vorn, können Sie mal das Fenster einen Spalt aufmachen?«

»Erst schnallst du dich wieder an.«

»Machen Sie dann das Fenster auf?«

Die Frau nickte, und Martha steckte das Gurtende wieder in den Verschluss. Die Verfolgerin sagte etwas auf Italienisch zu dem Fahrer, und dann surrte das Fenster ein Stückchen hinab. Martha stopfte den Pulli durch den Spalt, einen Moment hielt sie den letzten Fitzel noch fest, das Riesenringelding flatterte im Wind. Dann ließ sie los.

Danksagung

Vor mehr als zehn Jahren las ich einen Artikel über eine Mutter, die vor Gericht darum kämpfte, dass ihr Sohn nach vielen Jahren im Wachkoma sterben durfte. Die Frage, ob man über das Leben eines anderen Menschen entscheiden kann und darf, hat mich seitdem nicht mehr losgelassen. Es hat gedauert, bis ich meinen eigenen Zugang zu diesem Thema gefunden habe und Belas Geschichte erzählen wollte. Dabei haben mir viele Menschen geholfen, und ohne diese Gespräche hätte ich es nicht gewagt, ein Buch über eine Familie mit einem Kind im Wachkoma zu schreiben. Für ihre Offenheit und ihre Bereitschaft, mich für einen Moment an ihrem Leben teilnehmen zu lassen, danke ich von Herzen: Daniele Gencalp, Constanze Krause, Regina Schöfer und Alex, Kai-Uwe, Julius, Charlotta, Jonathan und Carl Schilling. Große Unterstützung bei der Recherche erhielt ich von Stephanie Pernow und Karin Mölders von der Lumia Stiftung. Diese Stiftung unterstützt Familien mit einem Kind im Wachkoma (www.lumiastiftung.de). Weiter danke ich Herrn Prof. Dr. Dr. med. habil. Dr. phil. Dr. theol. h.c. Eckhard Nagel, Mitglied des deutschen Ethikrats, für ein sehr aufschlussreiches Gespräch. Herzlichen Dank auch an Herrn Prof. Dr. med. Andreas Schwartz, Chefarzt für Neurologie und Neuroradiologie im Nordstadt Krankenhaus Hannover, der alle medizinischen Passagen gegengelesen und korrigiert hat. Und natürlich hatte ich auch wieder Testleser, die mir mit kritischen Ratschlägen zur Seite standen: Danke an Florentine Jacobs und Mia Shub.

Ein großes Glück war für mich die Begegnung mit Marlies Winkelheide und dem Geschwisterrat. Dies ist eine Gruppe von Kindern und Jugendlichen mit schwerstkranken und schwerstbeeinträchtigten Geschwistern. Ihr Treffpunkt, die Janusz-Korczak-Geschwisterbücherei, gibt ihnen Raum für Auseinandersetzung, Austausch und Hilfe (www.geschwisterkinder.de). Außerdem danke ich meiner härtesten Kritikerin, meiner Tochter Greta, meiner Lektorin Christiane Laura Schultz, die die Geschichte von Anfang an begleitet hat und Carina Mathern, die dieses Buch – nicht nur als Programmleiterin – mit auf den Weg gebracht hat. Danke für euer Vertrauen, eure Unterstützung und eure Zeit.

Ein Club für alle Fälle

Nina Weger
Club der Heldinnen.
Entführung im Internat. Band 1
224 Seiten · Ab 9 Jahren
ISBN 978-3-7891-0465-7

Juhu, es geht los! Das neue Schuljahr auf dem Matilda Imperatrix, dem Internat für Mädchen mit außerordentlichen Fähigkeiten. Flo und Pina beratschlagen bereits, wie sie beim Geländespiel die beiden Oberzicken Cilly und Lilly abhängen. Doch da kommt der große Schreck: Flos kleine Schwester Charly verschwindet spurlos! Flo verdächtigt sofort die Neue in ihrem Zimmer, Blanca. Doch bald merken Flo und Pina, dass sie Charly nur mit Blancas Hilfe retten können. Denn gemeinsam sind die drei wirklich heldenhaft!

Auch als eBook

Oetinger

Weitere Informationen unter:
www.oetinger.de